# 자기비판을
## 자신감으로 변화시키기

# 자기비판을
## 자신감으로 변화시키기

### 내면 비판자의 소인격체 클리닉

| Jay Earley · Bonnie Weiss 공저 | 이진선 · 이혜옥 공역 |

학지사

# 역자 서문

    역자들은 Parts work를 '소인격체 클리닉'으로 번역한 바 있으나 Internal Family Systems Therapy도 '소인격체 클리닉(혹은 '참자아가 이끄는 소인격체 클리닉' 혹은 단순히 IFS)'으로 표기하고자 한다. 시중에는 '내면가족체계치료'라는 이름과 함께 이 모든 이름이 통용되고 있는바, 이에 대한 역자 나름대로의 작명 철학을 몇 자 적어 보기로 한다.

    IFS의 축어적 번역은 '내면가족 시스템(체계) 치료'라고 할 수 있다. '내면가족'은 한 인격체를 구성하는 부분들이 구심점을 가지고 관계를 유지한다는 의미이며, '시스템 치료'는 인격체의 어느 한 부분만을 치료하는 것이 아니라 시스템을 구성하는 요소 모두를 치료한다는 의미다. 역자는 '내면가족 시스템 치료'의 의미는 그대로 전달하되, 이것을 듣고 쉽게 기억할 수 있는 용어인 '소인격체 클리닉'으로 부르고자 한다. '소인격체'에서 인격체라는 시스템을 구성하는 더 작은 요소가 있다는 의미가 암묵적으로 전달되며, '클리닉'은 치료라는 단어의 대중적 용어이기 때문이다.

더불어 두 가지 용어의 한글 표현도 언급하지 않을 수 없다. 그 중의 하나가 Self고, 다른 하나는 exile이다. 먼저 Self에 대한 내용부터 다루어 본다. 통상적으로 ego는 자아로, self는 자기로 번역하고 있다. 이부영의 『자기와 자기실현』(한길사, 2002)에서는 자아(ego)는 의식의 중심이고, 자기(self)는 의식과 무의식을 포괄하는 전체 정신의 중심이라 정의하고 있다. 교류분석의 창시자인 에릭 번(Eric Berne)은 자아 상태(ego state)는 일관성 있는 사고, 감정 및 행동을 의미한다고 정의하였다. 자아 상태는 과거의 경험으로 학습된 의식과 처해 있는 상황에 따라 다양하게 변할 수 있다. 즉, 자아는 특정한 상황에서 의식적으로 경험하는 자신이다. 이에 비해 자기는 이러한 다양한 의식 가운데 있는 자아를 비롯하여 의식하지 못하는 무의식까지도 포함하는 자신을 말한다. 따라서 자기는 전체로서의 자신을 의미하며, 어떤 특정한 상황에서의 자신에 국한된 표현이 아니다.

한편 IFS의 창시자인 리처드 슈워츠(Richard Schwartz)는 일관성 있게 Self(대문자 S)를 사용하고 있다. 슈워츠는 Self의 공통된 특성으로 침착함, 명료함, 긍휼함, 관계성, 자신감, 담대함, 창의성, 호기심의 여덟 가지를 지목하였고, 모든 사람의 정신세계 안에는 이러한 특성이 자리 잡고 있다고 하였다. 흥미롭게도 이것들은 궁극적인 선 및 지혜와 연결되어 있다. 그리고 슈워츠는 part(부분, 일종의 ego)에 의해 얕게 혹은 깊이 가려져 있는 위의 특성들이 의식의 중심으로 끌어올려진 상태를 Self로 묘사하고 있다. 다시 말하면 슈워츠의 Self는 '큰 자아' 혹은 '지혜로운 자아' 상태라고 할 수 있다. 따라서 이러한 특별한 상태라는 의미를 내포하고 있는 Self를 단순히 self를 지칭하는 자기와 동일하게 번역한다면 개념을 전달하고 이해하는 데 어려움이 있게 된다—적어도 IFS(소인 격체 클리닉)에서는. 이 같은 이유로 역자들은 Self를 '자기' 혹은 '참자기'보다는 '참자아'로 표기하고자 한다. 이 책에 나오는 내면 승리자, 내면 멘토의 개념은 바로 참자아(Self)의 의식 상태를 표현하는 것이다.

그다음은 exile인데, 사전적인 의미로는 '유배자' 혹은 '추방자'가 공히 사용되고 있다. 유배자는 상처받은 아이가 무의식 가운데 갇혀 있는 상태를 표현하는 뜻이 강하고, 추방자는 일상적인 의식에서 내쫓긴 상태를 표현하는 뜻이 강하다고 할 수 있다. 슈워츠는 물론 이 두 가지 의미가 모두 담긴 형태로 exile을 사용하였지만 한글로 번역하는 과정에서 두 가지 표현이 쓰이게 되었다. IFS는 모든 부분을 의식 상태로 불러와 치료를 진행하고 있으므로 의식을 기준으로 한 표현을 일관성 있게 사용하는 것이 좋을 듯싶다. 이 같은 이유로 역자들은 추방자라는 표현을 사용하고 있음을 독자들이 이해해 주기를 바란다.

2014년 10월 분당에서
역자 일동

# 차 례

# 제 1 장

# 서 론

저넷(Jeanette)은 자긍심이 낮아 모든 선생님이 의아해하였다. 저넷에게는 음악적 재능이 있었지만 그녀는 유독 자신감이 없었다. 이 때문에 저넷은 오케스트라나 학교 연극에 단 한 번도 나가 보려 하지 않았다. 이 패턴은 나이가 들어서도 계속되어 결국 근근이 생활할 정도의 직장을 갖게 되었다. 그녀는 자신이 아무것도 하지 못한다고 가정하였다. 그녀는 세상 밖으로 나가 무엇인가를 해 볼까 하는 생각이 고개를 들었지만 문득 가슴이 내려앉는 기분이 들어 이내 그 생각을 접어 버렸다. 그녀는 자신이 조금이라도 가치 있다고 혹은 무엇인가 될 수 있다고 믿지 않았다.

　하루는 친구가 자기 내면에 가지고 있던 비판의 목소리에 대해 이야기를 하였다. 그 비판의 목소리 때문에 하루 종일 기분이 언짢았다고 하면서! 저넷이 친구가 이야기하는 그 목소리가 귀에 익다는 사실을 깨닫자 무엇인가가 그녀의 머리를 스쳐 갔다. 그 비판의 목소리가 자신의 내면에도 있었던 것이다! 그것은 저넷에게 이렇게 이야기하고 있었다. "너는 아무짝에도 쓸모없어. 너는 할 수 없어. 그러니까 시도조차 하지 마." 저넷은 항상 그것이 자신에게 꼭 맞는 말이라고 가정하고 있었다. 저넷은 자신에게 이와 같은 해로운 메시지를 주는 것을 자신의 한 부분으로 생각한 적이 한 번도 없었다. 저넷은 자신의 한 부분이 연극에 몹시 나가 보고 싶어 했으나 이 목소리가 너무 억압적이어서 포기했던 것을 기억하였다.

이 부분은 흔히 내면 비판자로 불린다. 저넷은 그것에 대해 알지 못하였기 때문에 이 비판자와 의사소통할 방법이 없었다. 따라서 그녀는 자신에 대한 부정적인 신념의 근원에 대항할 수 없었던 것이다.

저넷은 내면 비판자가 자신을 와해시키면서 자신의 삶을 파멸시키고 있다는 것을 자각하게 되었기에 그것에 매우 분노하게 되었고, 그것을 없애 버리고 싶었다. 만약 저넷이 전통적인 치료에 의존했더라면 그녀는 내면 비판자를 설득하여 변화시키라 혹은 단순히 극복하라는 이야기를 들었을 것이다. 저넷은 그것을 적으로 보았을 것이다. 그러나 이 방법은 그리 효과적이지 못하다. 우리가 내면 비판자와 싸울 때 그것은 더욱 견고해질 뿐이다.

저넷은 IFS 방법을 사용하여 내면을 탐색하였고, 서서히 자신의 내면 비판자를 알아 갔다. 놀랍게도 저넷은 이 부분이 실제로는 자신을 도우려 애쓰고 있었다는 사실을 발견하였다. 비록 내면 비판자가 무망감과 우울감을 야기하였지만, 그 부분은 저넷을 보호하기 위해 왜곡된 시도를 하고 있는 것이었다. 그 부분은 저넷이 실패와 수치를 경험하지 않도록 지키고 싶어 하였다. 그리고 그렇게 할 수 있는 최선의 방법은 저넷이 어려운 일을 시도조차 하지 못하도록 막는 것이라고, 그 부분은 나름대로 계산하였다. 그리하여 그 부분은 끊임없이 저넷을 판단하고 용기를 잃게 함으로써 이것을 성취하였다.

그러나 일단 저넷이 자신의 내면 비판자가 자기를 도우려 애쓰고 있었다는 사실을 깨닫자 그녀의 분노는 눈 녹듯 사라졌고, 내면 비판자를 이해하고 그 부분과 친해지기 시작하였다. IFS에서는 부분과 싸우거나 그 부분을 제거하려고 애쓸 필요가 전혀 없다. 오히려 그 부분과의 신뢰 관계를 발전시키고, 그 부분이 당신과 보다 더 건설적으로 관계를 맺도록 도와준다. 저넷이 자신의 내면 비판자와 관계를 맺어 가면서 내면 비판자는 누그러졌고 덜 가혹하게 되었다.

저넷이 IFS를 사용하여 탐색을 진행해 나가자 그녀는 내면 비판자가 보내는 메시지를 받고 있는 자신의 또 다른 부분이 있다는 사실을 발견하였다. 이 부분은 이러한 판단을 그대로 수용하여 아무짝에도 쓸모없는 느낌, 좌절감, 무망감을 갖게 되었다. 우리는 이 부분을 비판받은 아이라 부른다. 저넷은 자신이 이 행복하지 못한 아이와 친구가 되어 사랑과 긍휼의 마음으로 관계를 맺을 수 있음을 깨달았다.

그러고 나서 그녀는 IFS 방법을 사용하여 판단받고 쫓겨나 자신을 쓸모없다고 느끼게 만들었던 어릴 적 기억에 접근하였다. 비판받은 아이는 그러한 비판에 의해 상처받았던 부분이다. 저넷은 이 아이를 자신의 사랑으로 치유하여 아이가 수치심과 아무짝에도 쓸모없다는 감정을 내려놓도록 도울 수 있었다. 그 결과 그녀의 내면 비판자는 배경으로 물러났고, 문제를 덜 일으키게 되었다.

이를 통해 저넷은 자신의 참자아가 도움을 주는 측면을 가지고 있다는 사실을 발견하였다. 우리는 이것을 내면 승리자라 부른다. 내면 승리자는 내면 비판자의 공격을 받고 있을 때조차도 우리를 지지하고 용기를 북돋워 주는 역량을 가지고 있다. 저넷은 자신을 배려하고 궁극적으로 자신이 잘되기를 원하는 이 부분을 발전시키고 강화할 수 있었다. 저넷의 내면 승리자는 그녀가 타고난 재능으로 세상에서 훌륭한 일을 성취할 수 있다고 그녀를 독려하였다. 그녀는 필요할 때에 내면 승리자를 불러내어 그의 지지를 받아들이는 법을 알게 되었다.

그녀의 내면 승리자는 이렇게 이야기하였다. "너는 지금의 모습 그대로 괜찮아. 너는 할 수 있어. 나는 네가 자랑스러워." 이것은 저넷이 위험을 무릅쓰고 자신의 음악적 재능을 발전시키는 것뿐만 아니라 공연 출연 기회에 도전하도록 도와주었다. 저넷은 자신이 정말로 하고 싶었던 일인 전문 예술가의 길로 나아갔다. 그녀는 내면 비판자 대신에 내면 승리자가 자신을 장악하면서 더욱 자신감을 갖게 되었고, 삶의 많은 영역에서 보다 더 행복을 누릴 수 있게 되었다.

출처: http://personal-growth-programs.com/learn-about-ifs/inner-critic-articles/inner-critic/

우울증 및 낮은 자존감과의 싸움이 끊이질 않는가? 때때로 수치심, 죄책감, 무망감이 엄습하는가? 우리는 태어날 때부터 무엇인가 잘못된 것이 있지는 않은가 하는 생각이 들 때가 있다. 이 책은 당신의 낮은 자존감이 실제로는 사실이 아님을 보여 준다. 그것은 당신의 내면 비판자의 공격에서 오는 것이다. 내면 비판자가 당신이 자신을 쓸모없다고 느끼도록 만드는 것이다.

당신이 자신을 수치스럽고, 소망이 없으며, 부족하다고 여기거나 단순히 형편없다고 느끼는 것은 당신의 내면 비판자가 당신을 공격하고 있기 때문이다. 내면 비판자는 다양한 방법을 구사하지만 가장 흔한 전략은 당신의 자기가치에 대한 부정적인 메시지를 머릿속에 주입하는 것이다.

내면 비판자는 당신을 판단하고 헐뜯으면서 당신은 이런 모습이어야 한다고 명령한다. 내면 비판자는 당신의 자신감을 훼손하고 자신에 대해 언짢은 느낌을 갖게 한다. 이것은 사람들이 맞닥뜨리는 가장 힘들고 영원한 문제 중의 하나이기 때문에 우리는 내면 비판자와 작업하고 그것을 변화시키는 방법에 관해 진지하게 연구하였다.

우리가 깨달은 핵심적인 내용은 자긍심은 당신의 타고난 권리라는 것이다. 당신은 마땅히 자신에 대해 뿌듯해할 권리가 있으며, 그것을 얻으려 노력할 필요가 없다. 하지만 우리는 우리 자신에 대해 언짢은 느낌을 가진 적이 있다. 당신 자신이 쓸모없고, 어리석으며, 무능력하다고 믿었던 때를 떠올려 보라. 그것은 진실이 아니었다—그것은 당신의 내면 비판자에게서 온 메시지였다.

우리는 일곱 가지의 내면 비판자 유형을 찾아내었다. 각각은 당신의 각기 다른 면을 판단한다. 어떤 것은 당신이 완벽하지 않다고 판단하고, 어떤 것은 죄책감을 느끼도록 만든다. 또 어떤 것은 당신의 자신감을 훼손한다. 대부분의 사람은 하나가 아닌 여러 내면 비판자를 가지고 있다. 이 책을 읽으면서 당신은 어떤 유형의 내면 비판자가 문제를 일으키고, 그것이 어떻게 작동하며, 그들이 당신을 공격하는 저의가 무엇인지 알아낼 수 있을 것이다. 또한 당신은 당신 자신과 관계하는 방식을 바꾸기 위해서 당신의 내면 승리자를 불러올 수도 있을 것이다.

## 효과가 적은 내면 비판자 대응

### 무시하기

일단 당신이 당신의 내면 비판자가 야기하고 있는 문제를 자각하게 되더라도 그 공격을 그냥 무시하고 지나치려 할 수도 있다. 이것은 물론 내면 비판자의 부정적인 메시지를 단순히 믿는 것보다는 훨씬 낫지만 문제를 해결해 주는 방법은 아니다. 이러한 전술이 때때로 효과가 있을 수는 있다. 그러나 내면 비판자가 자신을 무시하려는 당신의 시도를 짓밟을 것이다. 혹은 내면 비판자가 당신이 눈치채지 못하게 몰래 다가와 당신을 교묘하게 공격할 수도 있다.

## 논쟁하기

당신은 내면 비판자가 틀렸고, 당신이 정말로 가치가 있고 능력이 있으며 똑똑하다고 비판자를 설득하려 할 수도 있다. 이것은 앞의 전략보다는 나으나 여전히 효과는 미흡하다. 내면 비판자가 확신을 갖고 있을 수도 있고, 그렇지 않을 수도 있다. 그리고 당신이 때때로 논쟁에서 이길 수 있을지 몰라도, 당신의 내면 비판자는 보통 더 강력한 공격을 재차 감행한다.

## 쫓아내기

또 다른 분명한 전략은 당신의 내면 비판자를 제거하고자 애쓰는 것이다―그것을 괄시하는 것이다. 하지만 불행하게도 이것은 정말로 가능성이 없다. 당신이 몸의 한 부분을 제거할 수 없듯이 정신세계의 한 부분을 제거할 수는 없다. 당신은 당신의 내면 비판자를 영원히 내던지거나 쫓아낼 수 없다. 그것이 한동안 밑으로 숨을지는 모르나 나중에 튀어나와 당신에게 한층 더 큰 고통을 안겨 줄 것이다.

게다가 당신의 내면 비판자는 실제로 자기 나름대로의 왜곡되고 혼란스러운 방식으로 당신을 도와주려 애쓰고 있다. 당신의 내면 비판자가 야기하는 큰 고통에 비추어 볼 때 이것이 당신에게 놀라울 수는 있으나 우리는 내담자들과 작업하면서 이것이 사실임을 지속적으로 확인하고 있다. 그러므로 당신의 내면 비판자와 싸우는 것은 이치에 맞지 않는다.

이 책에서는 IFS를 사용하여 내면 비판자를 알아 감으로써 내면 비판자와의 신뢰 관계를 발전시키고, 궁극적으로 내면 비판자를 변화시키는 방법을 보여 준다. 이에 대해 자세한 내용을 원하면 제11장과 부록을 보라.

그리고 이 책에서는 내면 승리자와 내면 멘토를 발전시킴으로써 당신의 비판자와 작업하는 또 다른 방법을 보여 준다.

만약 당신이 부록을 읽었다면, 그리고 몇 가지 연습 문제를 실행해 보았다면, 이 책은 당신이 당신의 내면 승리자를 보다 더 자세히 이해하고 활성화시킬 수 있도록 도와줄 것이다.


## 당신의 내면 승리자

당신은 당신을 지지하고 독려하는, 내면 승리자라 불리는 당신의 한 측면을 발전시킬 수 있다. 그것은 당신의 내면 비판자의 부정적인 영향력을 다루는 특효약이다. 내면 승리자는 내면 비판자와 논쟁을 하거나, 싸우거나, 그것을 쫓아내려 하지 않는다. 내면 승리자는 당신을 지지함으로써 당신이 내면 비판자의 메시지 앞에서 본연의 모습을 잃지 않고 자신에 대해 뿌듯한 기분이 들도록 만든다.

"당신은 자신을 사랑할 수 있다."라는 격언은 단순히 상투어가 아니다. 내면 승리자와의 작업은 바로 그렇게 하는 방법을 보여준다. 당신은 내면 비판자에게서 기인하는 고뇌와 어려움에 갇혀 있지 않게 된다. 당신이 자신감과 가치를 느끼고, 당신의 삶의 여정이 재미있게 펼쳐지도록 당신의 내면세계는 바뀔 수 있다.

당신의 내면 승리자는 당신을 지지하고, 당신이 자신에 대해 뿌듯한 기분이 들도록 도와준다. 내면 승리자는 당신이 당신의 타고난 자기가치를 인정하게 하고, 당신에게 역량이 있으며, 당신의 행위가 지금의 모습 그대로 괜찮다는 것을 깨닫도록 도와준다. 내면 비판자는 당신을 어떤 틀에 맞추려고 애쓰는 데 반해 내면 승리자는 당신이 당신의 참모습을 유지할 수 있도록 독려한다. 내면 승리자는 당신이 가장 기분 좋게 당신의 삶을 살도록 지지해 준다. 당신의 내면 승리자는 말하자면 당신이 늘 바라던 지지적이며, 이상적인 부모인 것이다.

당신의 내면 승리자는 당신을 지지하는 것 외에 당신의 내면 비판자에게 제한을 가할 수도 있다. 때로는 승리자의 긍정적인 메시지가 전달되기 전에 이것이 선행되어야 한다. 예를 들어, 질(Jill)이 지칠 줄 모르고 성가시게 하는 자신의 내면 비판자의 공격에서 잠깐 동안 쉼이 필요할 때 내면 승리자는 내면 비판자에게 이렇게 이야기할 수 있다. "네가 질을 돕고 보호하려 애쓰고 있는 것은 알아. 그러나 도움이 되지 않고 있어. 너의 비판은 단지 무망감, 쓸모없음, 자신에 대해 못마땅한 느낌만 가져다줄 뿐이야. 들볶지 마.

내가 질을 지원할게."

　내면 승리자는 내면 비판자에게 공격받고 있을 때 매우 구체적으로 지원해 준다. 따라서 내면 비판자의 일곱 가지 유형 각각에 대해 서로 다른 유형의 내면 승리자가 존재한다. 이 책은 당신이 당신에게 가장 큰 문제가 되는 유형의 내면 비판자에게 필요한 내면 승리자와 접촉할 수 있도록 도와줄 것이다. 그러면 당신은 내면 비판자의 공격을 받고 있을 때조차도 필요하면 내면 승리자를 활성화할 수 있게 된다.

## 당신의 내면 멘토

　우리의 내면 비판자는 우리 정신세계에서 필요한 기능을 수행하려 애쓰고 있다. 우리는 우리를 어떻게 바꾸고 개선할 수 있는지 알기 위해 우리 자신을 현실적으로 바라볼 수 있는 능력이 필요하다. 우리는 우리의 가치와 동일 선상에 있지 않은 행동 방식을 자각하고 싶어 한다. 우리는 우리가 누군가에게 불필요한 상처를 주고 있지는 않은지 혹은 우리가 우리의 잠재력만큼 일하고 있는지를 알 필요가 있다. 우리는 우리가 위험하거나 혹은 건강을 해치고 있지는 않은지, 혹은 즉각적인 보상이 필요해서 근시안적이 되고 있지는 않은지도 인식할 필요가 있다.

　문제는 내면 비판자가 우리의 자긍심과 자신감을 훼손하는 방식으로 이 기능을 수행하고 있다는 사실이다. 때로는 내면 비판자가 아주 잘못되고 전혀 불필요한 방식으로 우리를 비판하기도 한다. 그러나 내면 비판자의 판단에 일리가 있을 때도 있으며, 심지어 어떤 판단에는 우리가 지금까지 무시해 왔던 지혜가 포함되어 있을 수도 있다. 이러한 경우에는 내면 비판자의 판단의 내용이 문제가 아니라 판단을 전달하는 가혹하고 불쾌하며 정죄하는 방식이 문제인 것이다. 우리는 메시지와 메시지 전달자를 구별하는 법을 배워야 한다. 하지만 메시지가 이런 식으로 표현되어야 할 필요는 없다. 그렇다면 달리 할 수 있는 방도가 있는가.

내면 멘토라 불리는 내면의 보다 더 온유하고 지혜로운 음성이 있다. 이것은 진정한 내면 비판자의 건강한 버전이라 할 수 있다. 내면 멘토는 우리 정신세계에서 필요한 기능을 긍정적인 방식으로 수행하는 반면, 내면 비판자는 파괴적인 방식으로 수행한다.

당신의 내면 멘토는 마치 지혜로운 삼촌이나 할아버지, 할머니처럼 사랑과 수용으로 당신을 대해 준다. 당신이 되고 싶은 모습과 동일 선상에 있지 않은 당신의 행동 방식을 분명히 깨닫도록 해 주며, 그 상황을 고치는 행동을 취할 수 있도록 도와준다.

내면 비판자의 일곱 유형 각각에 대한 특정 내면 멘토 유형이 있다. 내면 비판자의 공격이 있음에도 불구하고 당신의 내면 승리자와 내면 멘토는 서로 협력하여 당신을 지지하고 당신의 삶이 성공적으로 펼쳐지도록 촉진하여 준다. 이 책은 당신이 내면 승리자와 내면 멘토에게 접촉하도록 도와줄 것이다.

이 책은 주로 당신의 내면 승리자에게 초점을 맞추고 있지만 일곱 유형의 내면 비판자에 대한 내면 멘토의 긍정적인 지지 방식도 함께 제공하고 있다. 이 정보는 당신의 내면 비판자가 그러한 방향으로 옮겨 갈 수 있도록 도와줄 것이다.

## 이 책의 사용법

일곱 유형의 내면 비판자 중에서 어떤 것이 당신에게 문제가 되는지 결정하라. 이렇게 하는 데는 두 가지 방식이 있다. 하나는 일곱 유형에 대한 각각의 장을 읽고 어떤 것이 당신이 가지고 있는 문제와 유사한지를 보는 것이다. 다른 하나는 일곱 유형의 내면 비판자 각각에 대한 점수를 매기는 내면 비판자 프로파일 설문에 답하는 것이다(이 책의 부록 중 '내면 비판자의 소인격체 클리닉 14단계 따라 하기' 연습 문제 2에 설문이 실려 있다.). 그리고는 당신과 가장 관련된 장을 찾아 읽는다.

이어지는 일곱 장은 각각 일곱 유형의 내면 비판자 중 하나씩을 다루고 있다. 당신이 가장 도움을 필요로 하는 내면 비판자를 다루는 장을 읽으라. 하나나 둘 정도를 골라 시작하라. 모든 장을 읽는 것은 벅찰 수 있다.

각 장에서는 특정한 내면 비판자뿐만 아니라 그 비판자에 대한 내면 승리자와 내면 멘토도 설명하고 있다. 그리고 제10장에서는 당신이 내면 비판자에게서 쉼이 필요할 때 특정한 내면 승리자를 불러내는 연습을 하게 된다. 내면 승리자는 당신이 앞으로 나아갈 수 있도록 당신에게 지지와 인정, 독려를 해 줄 것이다.

이 책은 일차적으로 당신의 변화를 도우려고 쓰였다. 그러므로 당신이 당신의 내면 비판자를 따라 살지 않고 자긍심과 자유를 따라 살기 위해서는 이 책에 실려 있는 연습 문제를 따라 실행하는 것이 매우 중요하다.

# 제 2 장

# 완벽주의자

완벽주의자(Perfectionist)는 당신이 모든 일을 완벽하게 하도록 애쓴다. 완벽주의자는 당신의 행동에 대해, 특히 당신이 만들어 내는 작업물이나 당신이 수행하는 과업에 대해 매우 높은 기준을 가지고 있다. 사업에서는 이것이 종종 서면 보고서를 둘러싸고 나타난다. 완벽주의자는 당신이 만들어 낸 것이 아직 충분히 좋지 못하며, 누가 보기 전에 정확한 기준에 도달하도록 개선해야 한다고 이야기한다. 이로 인해 당신은 과제를 제출할 시간이 되면 염려하거나 불안감을 느끼게 된다.

　완벽주의자는 당신이 만든 작업물의 결점에만 초점을 맞춤으로써 당신으로 하여금 그 작업물의 품질을 의심하게 만든다. 그 결과 당신은 실제로 필요한 것보다 훨씬 더 열심히, 더 많은 시간을 과제에 매달리게 되는 것이다. 완벽주의자는 종종 마감 시간이 다 될 때까지 아무것도 제출하지 못한다. 그리고 어떤 이들은 습관적으로 작업물을 늦게 제출하기도 한다.

　완벽주의자는 종종 어떤 것에 도장 찍는 것을 두려워한다. 완벽주의자는 만약 완벽하지 못한 것을 제출하면 판단받거나, 거부당하거나, 쫓겨나거나, 혹은 심지어 조롱받을까 봐 두려워한다. 완벽주의자는 OK가 되기 위해서는 탁월성이 요구된다고 느끼기 때문에 당신이 평범한 사람으로 보일까 봐 두려워할 수도 있다.

완벽주의자는 당신에게 마무리를 신통찮게 하는 부분이 있어 당신이 부족한 작업물을 제출할 수도 있다고 믿는다. 따라서 그의 임무는 그런 일이 일어나지 않도록 확실히 하는 것이다. 완벽주의자는 이를 위해 종종 가혹한 자기비판을 한다. 완벽주의자는 당신에게 작업물을 개선하라고 명령하지 않는다―당신에게 창피를 준다. 완벽주의자는 심지어 당신을 바보 같은 녀석, 게으른 녀석, 칠칠맞은 녀석이라고 부를 수도 있다. 이것은 당신의 한 부분에게 부족한 느낌, 수치감, 혹은 우울감을 가져다준다.

대부분의 완벽주의자는 부모나 보호자 혹은 선생님―역시 완벽주의자였고, 바로잡을 필요가 있는 것에만 초점을 맞추며, 당신이 작업한 것에 결코 만족하지 않았던 사람―을 본받음으로써 이 방법을 배우게 된다.

어떤 완벽주의자는 실패를 매우 두려워하여 당신으로 하여금 아무것도 만들지 못하게 한다. 어떤 프로젝트에서든지 처음 몇 번의 작업은 예비적인 것이며 이후에 보다 많은 작업이 필요하게 된다. 그러나 어떤 완벽주의자는 비록 아무에게도 보여 주려는 것이 아닐지라도 완벽하지 못한 것을 만든다는 사실을 참지 못한다. 이로 인해 어떤 프로젝트를 시작조차 못하게 만든다. 예를 들어, 완벽주의자가 심각한 창작 슬럼프에 빠지게 되는 것이다.

어떤 완벽주의자는 도저히 만족시킬 수가 없다. 당신이 아무리 열심히 일하거나 당신의 최종 작업물이 아무리 좋을지라도 그들은 항상 비판할 거리를 찾는다. 완벽주의자는 당신이 결코 자신의 작업물에 대해 뿌듯한 기분을 가질 수 없도록 만든다. 하지만 어떤 완벽주의자는 만족시킬 수 있다. 만약 당신의 작업물이 최종적으로 완벽주의자가 요구하는 뼈를 깎는 높은 기준에 도달하면 그들은 당신을 칭송할 것이다.

완벽주의자는 또한 당신의 외모, 행동, 과제 수행 능력에 대해 높은 기준을 가지고 있을 수 있다. 당신은 외모를 완벽하게 다듬고 흠잡을 데 없이 행동해야 한다. 당신의 집은 완벽해야 하고, 당신의 가족도 그래야 한다. 당신이 수행하는 어떤 작업도 흠이 없어야 한다. 그들은 보통 완벽하지 못한 것에 온통 초점을 맞추고, 당신이 잘한 것에 대해서는 인정을 해 주지 않는다.

어떤 완벽주의자는 당신 삶의 모든 것이 완벽한 정돈 상태에 있도록 신경 쓰고 있다. 또 어떤 완벽주의자는 항상 옳은 일을 하는 것 혹은 올바른 선택을 하는 것에 대해 걱정한다. 완벽주의자는 안전한 느낌을 갖기 위해서는 당신의 삶이 완벽하게 통제된 상태로 유지되어야 하며 예측 가능해야 한다고 생각한다. 그들은 당신이 조금만 실수를 하거나 예상 밖의 행동을 하는 순간 가혹하게 판단한다.

# 당신의 완벽주의자의 표현

다음은 완벽주의자 내면 비판자에게서 흔히 들을 수 있는 표현이다.

☐ 그 정도로는 충분치 않아.

☐ 그것보다 더 잘할 수 있잖아.

☐ 흠이 없어야 해.

☐ 그 정도 가지고는 어림없어.

☐ 처음부터 완벽하게 할 수 있어야 해.

☐ 탁월한 품질이 되지 않을 거라면 시도도 하지 마.

☐ 네가 더 잘할 거라고 기대하고 있어.

☐ 옳은 길은 하나니 너는 그대로 따라 해.

☐ 완벽할 때까지는 끝난 것이 아니야.

☐ 너는 무엇 하나 제대로 하는 게 없어.

☐ 완벽할 때까지 계속 시도해 봐.

☐ 이게 뭐야. 이것도 한 거냐?

☐ 완벽하지 못한 것에 만족하지 마라.

☐ 너와 네가 한 것은 항상 완벽하게 보여야 해.

☐ 엉망이군! 너는 통제 불능이야.

☐ 모든 사람, 모든 것은 어떤 방식이 있는 거야.

□ 기타 _____

_____


# 당신의 완벽주의자를 활성화하는 상황

당신의 완벽주의자가 항상 활성화되어 당신을 비판하고 있는 것은 아니다. 그것은 대부분의 부분처럼 특정한 사람이나 상황에 의해 활성화된다. 다음은 완벽주의자를 활성화하는 상황이다.


□ 과제나 과업을 시작하려고 할 때

□ 마감 시간이 있거나 무엇인가를 제출해야 할 때

□ 최상이 되어야 하는 경쟁 상황일 때

□ 당신이 하고 있는 일이 판단받게 될 때

□ 사교행사를 준비하고 있을 때

□ 사교 상황에서 당신이 어떻게 보일지에 대해 염려할 때

□ 어려운 선택 사항 사이에서 선택해야 할 때

□ 잘못 결정하는 경우에 따라오게 될 결과를 두려워할 때

□ 당신과 가까운 사람(자녀, 배우자 등)이 완벽하지 못할 때

□ 당신 삶의 주위를 돌아볼 때

□ 기타 _____

# 당신의 완벽주의자의 동기

당신의 완벽주의자 내면 비판자는 자기가 당신을 돕거나 보호하고 있다고 생각하기 때문에 지금 하고 있는 방식대로 당신을 대하는 것이다. 다음은 완벽주의자 부분이 흔히 가지는 동기다.

- ☐ 당신이 비판받고, 창피당하며, 거부당하지 못하도록 보호하기 위해
- ☐ 당신 삶(과거 혹은 현재)의 중요한 인물에게서 인정을 받기 위해
- ☐ 잘못되거나 부족한 것에 대한 염려를 잠재우기 위해
- ☐ 제대로 일하는 방식이 있다는 것을 단언하기 위해
- ☐ 당신 삶에서 통제감을 유지하기 위해
- ☐ 당신이 자신의 부족함에 직면하지 못하도록 하기 위해
- ☐ 기타 _____

_____

# 당신의 완벽주의자 내면 승리자

당신의 내면 비판자와 논쟁하거나 그것을 제거하려는 것은 도

움이 되지 않는다는 제1장의 내용을 기억하라. 당신의 내면 승리자가 당신을 지지하도록 만드는 것이 효과적이다.

완벽주의자 내면 비판자 앞에서 당신의 내면 승리자는 완벽하지 않아도 되는 당신의 권리를 지지한다. 내면 승리자는 인간이기 때문에 실수하고, 실수가 잘못을 의미하지는 않으며, 당신이 모든 것을 옳게 하지 못했을지라도 괜찮다는 사실을 상기시켜 준다.

당신의 내면 승리자는 당신이 당신 삶에서 균형을 가질 수 있는―휴식을 취하고, 스스로를 돌보며, 삶을 즐길 수 있는―권리를 지지한다. 내면 승리자는 모든 일을 즉각적으로 완벽하게 하는 것보다 때로는 흐름에 따라 발전해 나가도록 하는 것이 중요하다는 지혜를 가지고 있다. 내면 승리자는 당신에게 처음부터 모든 것을 알 필요가 없는 학습자가 되라고 이야기한다. 내면 승리자는 '초안'의 의미를 알고 있는 것이다.

때로는 당신의 내면 승리자에 대해 읽는 것 말고 내면으로 들어가 내면 승리자를 깨우는 것도 도움이 된다. 만약 지금 이렇게 하고 싶으면 제9장의 연습 문제로 가라.

## 완벽주의자 내면 승리자의 표현

다음은 사람들이 완벽주의자 내면 승리자에게서 흔히 듣고 싶어 하는 표현이다. 내면 승리자의 네 가지 측면으로 배열하였다.

1. 경계 설정: 당신의 내면 승리자는 당신이 내면 비판자를 제한할 수 있도록 돕는다.
2. 양육: 당신의 내면 승리자는 내면 비판자에 의해 상처받은 당신의 부분을 양육한다.
3. 안내: 당신의 내면 승리자는 내면 비판자의 왜곡이 있음에도 당신이 당신 자신과 당신의 선택을 분명히 바라보도록 안내와 관점을 제공한다.
4. 행동 계획: 당신의 내면 승리자는 내면 비판자의 의심과 방해가 있음에도 당신이 성공적으로 나아갈 수 있도록 계획 수립을 돕는다.

### 경계 설정 표현

❑ 이 정도면 됐어!
❑ 그것이 세상의 끝은 아니야.
❑ 들볶지 말고 내게 여유를 줘. 생각을 좀 해서 나의 중심을 찾고, 우선순위를 정할 수 있도록.
❑ 기타 _____

_____

**양육 표현**

❐ 네 자신을 잘 챙겨.

❐ 잊지 말고 네 자신의 균형을 유지해.

❐ 정말로 중요한 것은 바로 너야.

❐ 모든 것이 완벽해야 할 필요는 없어―어떤 것은 그 정도면
　충분해.

❐ 네 자신에게 여유를 줘.

❐ 일이 얼마나 완벽해 보이는지로 네가 정의되는 것은 아니야.

❐ 그냥 시작해. 해 나가면서 궤도를 수정하면 돼.

❐ 삶은 초안이야. 완벽할 수 없어.

❐ 기타 _____


**안내 표현**

❐ 너는 네 자신과 네 역량을 신뢰해도 돼.

❐ 너는 도움이나 안내를 요청해도 돼.

❐ 네가 필요할 때 도움을 받을 수 있도록 인명록을 손 닿는 곳
　에 두도록 해.

❐ 보다 더 큰 관점을 가지고 네가 지금 네 인생의 여정에서 어
　디쯤에 와 있는지 생각해 봐. 조그만 것에 연연해 하지 말고.

□ 지금의 네 모습이 바로 너야. 네가 좋아하는 사람들이 완벽하다고 해서 네가 흠 있는 존재가 되는 것은 아니야.

□ 다른 사람들도 완벽하지 않아. 그리고 네가 그들을 완벽하게 만들 수도 없어.

□ 네가 실제로 통제할 수 있는 것은 너 자신뿐이야.

□ 초점과 긴장 완화 사이에 균형을 이루는 것이 중요해.

□ 창의성은 처음부터 완전무결한 상태로 솟아나는 것이 아니야.

□ 기타 _____

_____

## 행동 계획 표현

□ 준비-발사-조준이 최선의 모토가 될 수 있어. 궤도 수정과 실수에서 배우는 것도 나쁘지 않아.

□ 해야 할 일을 진행해 나가되 시야에서 더 큰 비전을 놓치지 않도록 해.

□ 진행해 나가면서 네 작업에 대해 자신감을 가질 수 있도록 다른 사람을 일찍 그리고 자주 체크하도록 해.

□ 결정을 내릴 때 네 모든 부분을 염두에 두도록 해.

□ 언제 붙들어야 하고, 언제 내려놓아야 하는지 알아야 해.

□ 기타 _____

_____

이것은 당신이 이미 내면에서 듣고 있는 표현일 수도 있고, 자주 듣기 시작하는 표현일 수도 있다. 혹은 지금까지는 없었을지라도 당신이 내면 승리자에게서 듣고 싶어 하는 표현일 수도 있다.

## 당신의 내면 멘토

당신의 내면 멘토는 고도의 탁월성이 요구되는 상황과 적절한 것을 만들고 다음 것으로 넘어갈 필요가 있는 상황을 구별할 수 있다. 예를 들어, 만약 당신이 원고를 교정하는 직업을 가지고 있다면 당신의 작업은 정말로 거의 완벽해야 할 필요가 있다. 그러나 당신이 독창적인 비디오를 만들려고 한다면 실수가 전혀 없는 것보다 혁신적이고 재미있는 것이 훨씬 중요할 수 있다. 만약 어떤 것이 진실인지 구별하기 어렵다면, 당신의 내면 멘토는 당신의 작업물이 보다 더 개선될 필요가 있는지를 알아보기 위해 다른 사람의 의견을 들어 보라고 당신을 독려할 것이다.

당신의 내면 멘토는 내면 비판자―이 경우, 완벽주의자―의 건강한 버전이다. 내면 멘토는 당신 삶에서 정말로 개선이 필요한 영역을 인식한다. 만약 당신이 불완전하거나 마무리가 제대로 되지 않은 작업물을 제출하는 경향을 보인다면 당신의 내면 멘토는 작업을 더 해야겠다 혹은 실수를 수정할 필요가 있다고 당신에게 이야기할 것이다. 그러나 그것은 지지적이며 독려하는 방식으로

행해진다.

당신은 이 장을 끝냈으므로 다음의 여러 선택 사항 중에서 선택
하여 진행하도록 한다.

1. 제9장과 10장으로 가서 당신의 완벽주의자 내면 승리자를 활
   성화하는 연습을 한다.
2. 순서대로 계속 읽는다.
3. 당신이 작업하고 싶은 또 하나의 내면 비판자를 설명하는 장
   을 선택한다.
4. IFS를 사용하여 내면 비판자의 심층 치유와 변화를 가져오기
   위해 제11장과 부록으로 진행한다.

제 **3** 장
# 작업 감독자

작업 감독자(Taskmaster)는 당신이 정말로 열심히 일하도록 혹은 철저히 훈련받도록 애쓰는 부분이다. 작업 감독자는 당신이 성공하여 돈, 찬사, 권력, 자유, 선망 등 성공의 보상을 받기를 원하기 때문에 이렇게 하는 것이다. 혹은 당신이 실패자나 평범한 사람으로 보여 판단받고, 창피당하며, 거부당하기를 원치 않기 때문에 이렇게 할 수도 있다.

어떤 작업 감독자는 당신이 명상이나 운동, 건강식과 같은 훈련을 체득하는 것에 많은 관심을 가진다. 그 부분은 당신이 이 같은 훈련을 엄격하게 따름으로써 유익을 얻기를 바라기 때문이다.

또 다른 작업 감독자는 당신이 세금 보고를 하고, 집 안 청소를 하며, 잔디를 깎는 등 당신 삶을 영위해 나가는 데 필요한 평범한 것을 성취하기를 바란다.

작업 감독자가 당신이 잘되기를 바란다는 것은 쉽게 알 수 있다. 그러나 만약 작업 감독자가 당신을 지나치게 몰아붙이거나 당신에게서 너무 많은 것을 기대한다면 당신이 긴장을 풀고 천천히

할 수 있도록 놔두지 않기 때문에 문제가 된다. 이러한 요구를 하는 이유는 종종 당신 삶에 건강한 균형이 필요하다는 사실을 간과하기 때문이다. 작업 감독자가 가지고 있는 가장 큰 문제는 당신이 작업 감독자의 기대에 미치지 못하는 삶을 산다는 이유로 당신을 공격한다는 점이다.

작업 감독자는 당신이 열심히 일하고, 극도로 잘 훈련된 의지가 있어야만 좋은 결과를 얻는다고 믿고 있다. 따라서 당신이 이렇게 하도록 만드는 가장 좋은 방법은 틀림없이 확실하게 당신은 이렇게 해야 한다고 이야기하고, 그렇게 하도록 당신을 무자비하게 몰아붙이는 것이라고 확신한다. 작업 감독자는 자신이 강하게 몰아붙일수록 당신의 성공 가능성이 높아진다고 생각한다. 작업 감독자는 당신이 과제에서 손을 놓거나 한 번이라도 훈련을 거르면 실패자가 된다고 믿는 경우가 많다. 그의 태도는 '모 아니면 도(흑백논리)'인 것이다.

작업 감독자는 당신이 착한 사람으로 인정받기 위해서는, 아니 단지 괜찮은 존재가 되기 위해서라도 이렇게 열심히 일해야 한다고 이야기한다. 작업 감독자는 당신이 했으면 하는 일과 자기가 보고자 하는 결과가 어떻게 연결되는지는 염두에 두지 않는다. 작업 감독자는 당신이 해야 할 일만을 이야기할 뿐이다.

당신의 작업 감독자는 이렇게 강하게 몰아붙이는 것이 작업 감독자와 싸우게 될 반역자 부분과 작업 감독자의 무자비한 요구에서 벗어나려는 자유 부분을 활성화할 수 있다는 사실을 깨닫지 못하고 있다. 이것은 작업 감독자와 반역자 사이에 내면 갈등 혹은 양극화 현상을 일으킨다. 여기서 그들은 상대방을 되받아치기 위해 더욱 극단적이 되어 간다. 이 상황에서 그들이 긴장을 풀고 당신을 신뢰하며 궁극적으로 서로 협력하는 것을 배울 수 있도록 하기 위해 당신은 그들과 함께 작업해야 한다.

작업 감독자는 당신이 끊임없이 진보를 이루며 성취하고 있는지에 관심을 기울인다. 작업 감독자는 인생은 경쟁이고, 누가 가장 잘하며, 무엇이 가장 가치가 있는지를 평가하는 것이라고 믿고 있다. 작업 감독자는 만약 당신이 1등에 근접하지 않으면 당신을 인생의 낙오자라고 믿는다. 이 같은 진보의 필요성은 일과 전문직 경력에 국한되지 않는다. 개인적인 혹은 영적인 성장에 관심을 가진 많은 사람은 더 나은 사람이 되거나 영적인 진보를 이루기 위해 자신에 대해 지속적으로 작업해야 한다고 말하는 자기 개선 작업 감독자를 가지고 있다.

작업 감독자는 보통 당신에 대해 경직된 기대치를 가지고 있다. 작업 감독자는 극도로 높은 기준을 세우고 당신이 그 기준에 완전히 도달할 것을 기대한다.

작업 감독자의 가장 큰 문제는 당신이 성공할 수 있도록 돕는 최선의 전략은 당신이 열심히 일하고 있지 않을 때 작업 감독자가 당신을 호되게 꾸짖고 공격하는 것이라 믿고 있다는 점이다. 작업 감독자는 당신에게 "당신은 아직 모자라. 당신은 근성이 없어. 당신은 게을러."라고 이야기한다.

이 같은 비판은 실제로 당신의 또 다른 부분—비판받은 아이 혹은 결핍된 아이—에게 상처를 준다. 작업 감독자는 결핍된 아이가 자신은 성공할 수 없으며, 성공에 필요한 자질을 가지고 있지 않다고 느끼게 한다. 이 접근법은 보통 기대했던 것과는 반대의 결과를 가져오고, 당신이 최선을 다하는 것을 더 힘들게 만든다. 또한 작업 감독자는 한 전문 분야에서의 성공을 더 어렵게 만든다. 왜냐하면 어느 때든지 당신이 분명히 성공하고 있지 않으면 작업 감독자는 당신에게 "너는 할 수 없어."라고 이야기하기 때문이다. 게다가 작업 감독자는 결핍된 아이의 자긍심을 와해하여 우울하게 만든다.

작업 감독자는 당신이 잘되기를 바라나 잘못된 전략을 사용하고 있는 것이다. 보통 판단하고 공격하는 것은 당신이 더 열심히 일하여 성공하는 데 도움을 주지 못한다. 대부분의 작업 감독자는 부모나 보호자 혹은 선생님—당신이 앞서 나아가도록 돕기 위해 당신을 몰아붙이고 판단했던 누군가—을 본받아 이 접근법을 배웠다.

작업 감독자는 뒤로 미루는 부분이 장악함으로써 필요한 과업을 성취하지 못하고 있을 때 당신 삶이 매끈하게 흘러가도록 만들기 위해 혹은 힘든 결과를 피하기 위해 활성화된다. 뒤로 미루는 자는 보통 당신이 실패하거나 판단받거나 조롱당하는 것을 두려워한다. 그러므로 뒤로 미루는 자는 당신이 우선적으로 노력을 쏟지 않았으면 하는 것이다. 당신은 이 뒤로 미루는 자와 작업하여 보다 더 자신감을 갖고, 보다 더 효과적으로 일할 필요가 있다. 그러면 당신의 작업 감독자는 그리 쉽게 활성화되지 않을 것이다.


## 당신의 작업 감독자의 표현

다음은 작업 감독자 내면 비판자에게서 흔히 들을 수 있는 표현이다.


- ❏ 좀 더 정리를 잘하고 살아라.
- ❏ 계획을 더 잘 짜라.
- ❏ 더 많은 일을 끝내라.
- ❏ 너는 특별하지 않아. 보통 사람일 뿐이야.
- ❏ 너는 아직 멀었어.
- ❏ 너는 더 잘할 수 있었어.
- ❏ 네가 지금까지 성공한 것은 순전히 운이야.
- ❏ 너는 말뿐이지 행동이 따르지 않아.
- ❏ 너는 정말로 시도를 하지 않잖아.
- ❏ 너는 진득하게 일을 못하니?
- ❏ 너는 끝까지 하는 일이 없니?
- ❏ 너는 아직 모자라.
- ❏ 너는 집중력이 모자라.

- ☐ 노닥거리고 있네.
- ☐ 더 큰 존재가 돼라.
- ☐ 더 열심히 해라.
- ☐ 너, 무슨 일 있니?
- ☐ 일을 해내지 못하는 이유가 뭐야?
- ☐ 넌 게을러. 지켜보면서 몰아붙여야겠어.
- ☐ 너는 _____(패자야, 모자란 애야, 바보야, 무능력해, 훈련이 되지 않았어, 게을러)
- ☐ 기타 _____

---

# 당신의 작업 감독자를 활성화하는 상황

당신의 작업 감독자가 항상 활성화되어 당신을 비판하고 있는 것은 아니다. 그것은 대부분의 부분처럼 특정한 사람이나 상황에 의해 활성화된다. 다음은 작업 감독자를 활성화하는 상황이다.

- ☐ 직장이나 학교 과업, 집안일, 운동 혹은 명상같이 주의를 집중할 필요가 있는 일을 해야 할 때
- ☐ 다른 사람에게 보이거나 평가받을 것을 준비하고 있을 때
- ☐ 실력자 앞에 있을 때

- ☐ 부정적인 피드백을 받거나 당신의 결과물이 미흡하다는 이야기를 들을 때
- ☐ 내면 비판자의 기준에 따라 적절하게 업무를 수행하지 못할 때
- ☐ 프로젝트를 하고 있을 때
- ☐ 좀 더 훈련을 받겠다는 목표를 세울 때
- ☐ 마감 시간이 다가오고 있을 때
- ☐ 중요한 과업을 지금까지 회피해 오고 있었을 때
- ☐ 책임을 맡아 해야 할 일이 있을 때
- ☐ 결정을 내려야 할 압력을 받고 있을 때
- ☐ 프로젝트나 아이디어에 대해 들떠 그것을 발전시키고 싶어 할 때
- ☐ 운동, 명상, 미술 혹은 요리 같은 분야에서 훈련받고 싶어 할 때
- ☐ 뒤로 미루는 자가 계속해서 당신의 주의력을 분산하고 방해하고 있을 때
- ☐ 기타 _____

---

## 당신의 작업 감독자의 동기

당신의 작업 감독자 내면 비판자는 자기가 당신을 돕거나 보호

하고 있다고 생각하기 때문에 지금 하고 있는 방식대로 당신을 대하는 것이다. 다음은 작업 감독자 부분이 흔히 가지는 동기다.

- ☐ 솟구치는 고통을 느끼지 못하도록 계속 바쁘게 만들기 위해
- ☐ 열심히 일하여 성공을 이루기 위해
- ☐ 사람들이 당신을 좋아하고 흠모할 수 있도록 하기 위해
- ☐ 실패를 막기 위해
- ☐ 평범한 사람이 되지 않기 위해
- ☐ 다른 사람에게 창피당하거나 거부당하지 않기 위해
- ☐ 반항하는 경향이 있다면 일의 진척을 위해
- ☐ 뒤로 미루려는 경향이 있다면 주의 집중하기 위해
- ☐ 중요한 과업을 끝마치기 위해
- ☐ 당신 스스로를 제대로 잘 돌보기 위해
- ☐ 택한 방향으로 당신의 삶이 나아갈 수 있도록 하기 위해
- ☐ 다른 사람에 대한 당신의 책임을 제대로 감당할 수 있도록 하기 위해
- ☐ 기타_____

_____

# 당신의 작업 감독자 내면 승리자

당신의 내면 비판자와 논쟁하거나 그것을 제거하려는 것은 도움이 되지 않는다는 제1장의 내용을 기억하라. 당신의 내면 승리자가 당신을 지지하도록 만드는 것이 효과적이다.

작업 감독자 내면 비판자에 반응하여 당신의 내면 승리자는 두 가지 태도를 가진다. 당신이 열심히 일하고 성취할 수 있도록 지원하고, 또한 당신이 지금 모습 그대로도 괜찮다고 인정한다. 이것이 역설적으로 들릴 수 있지만 이러한 자기 수용은 실제로 당신 스스로를 발전시키도록 지원하는 것이다. 당신의 내면 승리자는 당신이 긴장을 풀고 느긋하게 성공하도록 힘을 불어넣는다. 당신의 내면 승리자는 당신이 과로하거나 목표를 성취하려고 몸부림치는 것을 기대하지 않는다. 그러나 내면 승리자는 당신이 시작한 것을 성취할 수 있음을 알고 있다.

당신의 내면 승리자는 또한 작업 감독자에게 한계를 정해 줄 수 있다. 내면 승리자는 작업 감독자에게 단호하게 그러나 친절하게 들볶지 말라고 이야기한다. 왜냐하면 내면 승리자는 작업 감독자가 당신을 도우려 애쓰고 있다는 것을 인정하기 때문이다. 내면 승리자는 작업 감독자에게 그의 엄하고 요구 많은 태도가 도움을 주지 못할 뿐만 아니라 사실은 문제를 야기하고 있다고 이야기한다. 당신의 내면 승리자는 당신이 자신에 대해 뿌듯한 기분으로 좀 더 생산적이 될 수 있도록 작업 감독자와 거리를 두게 해 준다.

또한 당신의 내면 승리자는 시간이 지나면서 목표가 바뀐다는 것을 인정한다. 그리고 내면 승리자는 당신이 이랬으면 하고 바라는 점에 있어서 융통성을 가지고 있다. 만약 당신이 명상 같은 전문 분야의 훈련에 목표를 두고 있다면, 내면 승리자는 매일 명상하고 한 번도 그것을 거르지 않는 것 같은 경직된 목표를 세우지 않는다. 내면 승리자는 당신이 보다 더 많은 일을 하도록 부드럽게 독려하면서도 느긋한 태도와 융통성을 보인다.

가장 중요한 것은 당신의 내면 승리자가 당신에게 당신은 지금 모습 그대로 괜찮으며 수용되고 가치 있는 존재가 되기 위해 아무것도 노력할 필요가 없다고 말한다는 것이다.

만약 당신의 내면 승리자가 당신에게 무엇인가를 하라고 독려한다면 내면 승리자는 왜 당신이 이 과업을 하면 좋은지, 그리고 그것을 함으로써 당신이 무엇을 얻게 될지를 분명히 밝힌다. 내면 승리자는 '당신이 무엇인가를 마땅히 해야 한다.'라고 절대 말하지 않는다. 예를 들어, 내면 승리자는 이렇게 말한다. "이 시험을 위해 열심히 공부한다면 당신이 원하는 인턴십을 얻기 위한 점수를 받을 가능성이 있다." 혹은 "규칙적으로 운동을 하면 당신은 더 건강해지고, 그리 자주 감기에 걸리지 않게 될 것이다." 내면 승리자는 또한 어떤 과업을 성취하지 않음으로써 얻게 되는 고통스러운 결과를 생각나게 할 수도 있다. 그러나 부드럽게 용기를 불어넣으면서 그렇게 한다.

당신의 내면 승리자는 당신의 많은 과업이나 프로젝트가 창의적이고, 사람들을 도우며, 더 큰 부르심에 응하기 위한 자연스러운 욕구의 결과인 것을 인정한다. 내면 승리자는 당신이 이 같은 과업을 등 떠밀려 해야 할 필요가 없다는 것을 알고 있다. 당신이 목표로 하는 분명한 산출물이 없을 수도 있다. 당신은 단지 당신이 원해서 혹은 그 과업이 옳을 것 같다는 생각 때문에 그것을 하는 것이다. 당신의 내면 승리자는 당신이 이같이 마음속 깊은 곳에 있는 동기와 접촉할 수 있도록 돕는다. 따라서 과업을 등 떠밀려 해야 할 필요가 없는 것이다.

때로는 당신의 내면 승리자에 대해 읽는 것 말고 내면으로 들어가 내면 승리자를 깨우는 것도 도움이 된다. 만약 지금 이렇게 하고 싶으면 제9장의 연습 문제로 가라.

## 작업 감독자 내면 승리자의 표현

다음은 사람들이 작업 감독자 내면 승리자에게서 흔히 듣고 싶어 하는 표현이다. 내면 승리자의 네 가지 측면으로 배열하였다.

1. 경계 설정: 당신의 내면 승리자는 당신이 내면 비판자를 제한할 수 있도록 돕는다.
2. 양육: 당신의 내면 승리자는 내면 비판자에 의해 상처받은 당

신의 부분을 양육한다.

3. 안내: 당신의 내면 승리자는 내면 비판자의 왜곡이 있음에도 당신이 당신 자신과 당신의 선택을 분명히 바라보도록 안내와 관점을 제공한다.

4. 행동 계획: 당신의 내면 승리자는 내면 비판자의 의심과 방해가 있음에도 당신이 성공적으로 나아갈 수 있도록 계획 수립을 돕는다.

## 경계 설정 표현

☐ 너의 판단과 "해야 해."라는 이야기는 도움이 안 돼. 나의 성공을 더 어렵게 만들고 있어.

☐ 너의 의도에는 충분히 공감해. 하지만 내 목표를 성취할 수 있는 보다 더 효과적인 방식을 찾아볼 거야.

☐ 성공하기 위해서 항상 일해야 할 필요는 없어.

☐ 가볍게 하고 긴장을 풀어. 일은 해결될 거야.

☐ 기타 _____

_____

## 양육 표현

☐ 너는 지금 모습 그대로도 괜찮아.

- ☐ 나는 아무런 조건 없이 너를 완전히 수용하고 있어.
- ☐ 나는 너의 존재만으로도 너를 높이 평가하고 있어.
- ☐ 너는 지금까지 삶에서 많은 가치 있는 일을 성취했어.
- ☐ 나는 너의 품격과 역량을 인정하고 있어(집중력, 지성, 창의력, 친절, 성실성).
- ☐ 그 단계의 성취를 축하해.
- ☐ 너는 지금 잘하고 있어.
- ☐ 계속 그 방향으로 나아가. 너는 제대로 하고 있는 거야.
- ☐ 네가 잘되기를 바랄게.
- ☐ 네가 자랑스러워.
- ☐ 네 길에서 벗어나지 말고 나아가도록 해.
- ☐ 네 열정과 목적을 따르도록 해.
- ☐ 이제 쉬어도 괜찮아. 시간을 좀 내어 즐기고 기분 전환해서 돌아와.
- ☐ 얼마 동안 쉬면서 건강을 회복해.
- ☐ 기타 _____

_____

**안내 표현**

- ☐ 네 몸부림은 네가 너의 성장 곡선에서 어디쯤 있는지를 가리키는 거야.

☐ 네 페이스대로 발전하는 것도 괜찮아.

☐ 너도 네 길을 찾게 될 거야.

☐ 너의 어떤 부분이 그런 어려움을 야기했는지 살펴보자. 우리가 긍휼한 마음으로 그 부분과 작업하면 해결될 수 있을 거야.

☐ 네 스스로 진로 방해 요인을 헤쳐 나갈 수 있다고 믿어.

☐ 네가 했으면 하는 일이 어떤 것인지 알게 될 거야.

☐ 네 페이스대로 일과 노는 것 사이의 균형을 찾아내 보도록 해.

☐ 기타 _____

---

**행동 계획 표현**

☐ 차근차근하도록 해.

☐ 어떤 방법이 효과가 없다면 다른 방법을 시도해 봐.

☐ 네가 바라는 대로 일이 풀리지 않는 것은 실패가 아니야. 단지 그 길로 가지 말라는 뜻일 뿐이야.

☐ 잠깐 시간을 내어 이 과업에 대한 너의 마음속 깊은 곳에 있는 동기와 접촉해 봐.

☐ 어떤 페이스로 일하고 노는 것이 가장 효과가 좋은지 탐색해 봐.

☐ 각 단계마다 자신에게 상을 주도록 해.

_____

이것은 당신이 이미 내면에서 듣고 있는 표현일 수도 있고, 자주 듣기 시작하는 표현일 수도 있다. 혹은 지금까지는 없었을지라도 당신이 내면 승리자에게서 듣고 싶어 하는 표현일 수도 있다.

## 당신의 내면 멘토

당신의 내면 멘토는 내면 비판자―이 경우, 작업 감독자―의 건강한 버전이다. 만약 당신이 열심히 일하지 않고 있었다는 것이 어느 정도 사실이라면 당신의 내면 멘토는 이것을 판단하지 않고 인정한다. 내면 멘토는 당신의 현재 모습 그대로를 완전히 수용하면서 당신이 성취하지 못하는 책임을 기꺼이 질 수 있도록 돕는다.

당신의 내면 멘토는 우리 모두가 점점 나아져 가고 있는 작품이며, 우리의 이상에는 미치지 못하는 인간에 불과하다는 사실을 인정한다. 내면 멘토는 당신을 판단하지 않으며, 판단하더라도 기분 나쁘게 만들지 않는다. 오히려 어떤 것이 당신을 그러한 어려움으로 이끌었는지, 그리고 당신이 그것에 어떻게 대처해야 할지를 이해할 수 있도록 돕는다. 내면 멘토는 당신의 어떤 부분이 활성화되어 일의 진행을 방해하였는지에 대해 당신이 궁금해하도록 만든다. 이것은 보통 미루는 자 혹은 작업 감독자의 엄격함에 반항하는 부분이다. 당신의 내면 멘토는 당신이 수용과 긍휼의 자세로 그 부분과 작업할 수 있게 도울 것이다.

당신의 내면 멘토는 당신이 한 번에 너무 많이 바꾸는 것을 기대하지 않으면서 작업 방식을 바꾸는 현실적인 목표를 세우도록 돕는다. 또한 내면 멘토는 당신이 퇴보할 수도 있으며 그래도 괜찮다고 인정한다. 내면 멘토는 당신이 한 번에 한 걸음을 내딛도록 독려하며, 난관 타개를 위해 다음 단계를 취할 수 있도록 돕는다.

당신의 작업 감독자가 무엇보다 심각하게 미루는 자 부분에 대해 반응하고 있다면 이 설명만으로는 문제를 해결하기에 충분치 않을 것이다. 당신은 미루는 자 부분과도 집중적인 작업을 해야 한다. 이 문제를 잘 다룰 수 있는 도구가 IFS(소인격체 클리닉)다.

당신은 이 장을 끝냈으므로 다음의 여러 선택 사항 중에서 선택하여 진행하도록 한다.


1. 제9장과 10장으로 가서 당신의 작업 감독자 내면 승리자를 활성화하는 연습을 한다.
2. 순서대로 계속 읽는다.
3. 당신이 작업하고 싶은 또 하나의 내면 비판자를 설명하는 장을 선택한다.
4. IFS를 사용하여 내면 비판자의 심층 치유와 변화를 가져오기 위해 제11장과 부록으로 진행한다.

제**4**장

# 내면 통제자

내면 통제자(Inner Controller)는 당신이나 다른 사람에게 좋지 않거나 위험하다고 생각하는 행동을 규제하려고 애쓴다―자신의 노력이 없다면 당신은 통제 불가능하여 당신 삶을 망쳐 버릴 것이라고 믿으며.

　내면 통제자는 경직되어 있고 응징적인 경향을 보인다. 많은 내면 통제자는 당신이 이렇게 살아야 한다는 세세하면서 고정된 기준을 가지고 있다. 예를 들어, 그들은 당신이 정확히 얼마만큼 먹거나 마셔야 하고, 성적인 표현을 하며, 돈을 지출하고, 당신에게 도움이 되지 않거나 문제를 일으킬 수 있는 다른 활동에 참여해야 하는가에 대한 분명한 의견을 가지고 있다. 그러나 더 큰 문제는 당신이 그 기준에 미치지 못할 때 내면 통제자가 당신을 공격하고 창피를 줌으로써 이 기준을 강요하는 데 있다.

　우리는 이 공격받고 창피당한 부분을 비판받은 아이 혹은 결핍된 아이라 부른다. 비판받은 아이는 내면 통제자의 이 같은 월권 행위에 대해 매우 기분 나빠 한다. 비판받은 아이는 자신이 대단히 망가지고 모자란 존재라는 느낌을 갖는다. 비판받은 아이는 종종 더 잘하겠다고 약속하지만 수치심이 존재하는 한, 흔히 폭식이나 폭음, 그 밖의 통제 불능의 행동으로 발전한다.

내면 통제자는 진정으로 당신이 잘되기를 바란다. 그러나 내면 통제자는 이것을 효과가 없는 가혹하고 응징적인 방식으로 이루어지게 하려고 애쓴다. 당신의 내면 통제자는 아마도 당신의 부모가 어릴 적에 당신을 통제하려 애썼던 방식을 본받았거나 혹은 어릴 적에 또 다른 중요한 사람에게서 이 전략을 배웠을 것이다.

내면 통제자는 당신의 현재 습관이 궤도를 벗어나지 않더라도 존재할 수 있다. 당신은 마치 오늘날의 당신의 존재를 알지 못하는 누군가와 끊임없는 전투를 하는 것 같은 느낌을 가지게 된다.

괴롭힘당하는 것을 참을 수 없어 내면 통제자에 대항해 싸워야겠다고 하는 반항 부분이 활성화될 수도 있다. 이와 같이 내면 통제자 전략은 보통 역효과를 가져오고, 이를 중지시키려 애쓰는 내면 통제자의 행동은 더욱 극단적으로 표출된다. 사실 때로는 이 응징적인 통제 시도가 문제가 없는 곳에 문제를 일으키거나 사소한 문제를 악화시키기도 한다.

내면 통제자는 당신의 행동이 초래하는 현실 세계의 결과—예를 들어, 비만이 되거나, 알코올 중독자가 되거나, 혹은 식탐 증세가 생기는 것—에 대해 염려할 수도 있다. 내면 통제자는 당신의 행동이 초래하는 다른 사람의 판단이나 거부를 두려워할 수도 있다.

내면 통제자는 종종 우리를 음식, 음료, 성, 도박 등에 지나치게 빠지게 하는 탐닉자라고 부르는 부분과 갈등 관계에 있으며, 갈급해하거나, 화를 내거나, 주장하는 당신의 부분을 억압하려 애쓰기 때문에 극단적인 방향으로 흐른다. 이 둘은 항상 당신 내면에서 힘겨루기를 하고 있다. 예를 들어, 내면 통제자가 한동안 통제하고 있으면 다이어트에 조심하려고 매우 애쓴다. 그러다 탐닉자가 장악하면 폭식으로 진행한다.

대부분의 사람은 내면 통제자가 완전히 통제할 수만 있다면 탐닉자는 행동으로 표출되지 못할 터이니 별일이 생기지 않을 것이라고 생각한다. 그러나 아이러니한 것은 통제자가 엄격하면 할수록 탐닉자나 반항자도 강해진다는 것이다.

## 내면 통제자의 두 종류

1. 당신의 내면 통제자는 당신의 존재에 대해 혹은 당신의 충동이 가진 위험에 대해 비현실적인 관점을 가지고 있을 수 있다. 내면 통제자는 당신이 자신을 돌보는 일상적인 행동에 관여한다고 당신을 공격한다. 당신이 어느 정도의 충동성을 가지고 있을 수는 있으나 당신의 행동에 악의가 없음에도 내면 통제자는 너무 가혹하고 응징적이며 경직된 방식으로 반응한다. 당신의 문화가 정서적 혹은 성적 표현을

금기시하거나 비합리적인 이상을 가지고 있을 수 있다. 이 것은 당신에게 자신의 정상적인 충동을 엄격하게 통제해야 한다는 느낌을 가져다준다. 이 경우 내면 통제자는 자연스럽고 건강한 것에 대항하고 있는 것이다. 그러므로 당신의 내면 승리자를 발달시키는 것이 매우 유익하다고 할 수 있다.

2. 당신의 내면 통제자가 당신 삶에 해를 입히는 통제 불능의 탐닉자 부분에 반응할 수 있다. 그러므로 당신의 내면 승리자를 불러내는 것만으로는 변화를 가져오는 데 충분치 못할 것이다. 당신은 탐닉자를 다루는 데 있어서 당신의 내면 멘토의 도움이 필요하다. 게다가 내면 통제자와 탐닉자 사이에는 종종 강렬한 갈등이 존재한다. 따라서 긴장을 완화하기 위해서는 양쪽을 이해하면서 작업을 진행할 필요가 있다.

종종 탐닉자는 중독 문제에 대해 도움을 필요로 한다. 그리고 그것은 중독 뒤에 올 고통의 치유를 전제로 해야 할 수도 있다. 이 책이 어느 정도의 유익이 될 수는 있으나 추가적인 도움을 찾을 필요도 있다.

여기 몇 가지 방법이 있다. IFS(소인격체 클리닉)는 이런 유형의 문제에 탁월한 접근법이다. 따라서 내면 통제자/탐닉자의 양극화 현상에 IFS를 적용하는 것이다. 또한 12단계 프로그램이 각종 중독 증세(알코올, 폭식, 성, 도박 등)를 가진 사람에게 도움을 준다는 것은 이미 널리 알려진 사실이다. 대부분의 대도시에서는 다양한 중독 치료 프로그램을 운영하고 있다.


## 당신의 내면 통제자의 표현

다음은 내면 통제자 내면 비판자에게서 흔히 들을 수 있는 표현이다.


- ❏ 너라면 진저리가 난다.
- ❏ 너는 통제 불능이야.
- ❏ 너만 보면 신물이 난다.
- ❏ 너를 도대체 믿을 수가 없으니 조금도 한눈팔지 말고 지켜봐야겠어.
- ❏ 너는 절대 네가 바라는 인물이 되지 못할 거야.
- ❏ 아무도 너를 원하지 않을 거야.
- ❏ 너는 네 자신이 창피한지 알아야 해.
- ❏ 너는 너무나 충동적이야.
- ❏ 너는 너밖에 생각하지 않는구나.
- ❏ 너는 자멸하고 있는 거야.
- ❏ 너는 정말 생각이 없구나. 어떻게 똑같은 실수를 계속하고

있니?

☐ 너는 예쁜 구석이 한 군데도 없어.

☐ 너는 네 충동에 사로잡혀 해야 할 일에 정신 집중을 못하잖아.

☐ 너는 자신의 어디가 자랑스럽다는 거니?

☐ 너는 정상적인 상황에 적응을 못하잖아. 그냥 혼자 집에 있어.

☐ 아무도 너를 좋아하지 않아. 같이 있고 싶어 하지도 않아.

☐ 너는 괴짜야.

☐ 좀 정상적인 사람이 될 수 없겠니?

☐ 네 자신을 좀 더 잘 돌볼 수 없겠니?

☐ 너는 너무 궁상떨고 있어.

☐ 우는 소리 그만해.

☐ 너는 너무 이기적이야.

☐ 너는 돈을 낭비하고 있어.

☐ 너는 건강을 해칠 우려가 있어.

☐ 너는 네 명성에 흠을 낼 우려가 있어.

☐ 너의 충동은 나쁜 쪽으로 나아가고 있어.

☐ 너의 분노는 정말 걷잡을 수 없구나.

☐ 너는 잡지와 TV에 나오는 모델처럼 보여야 해.

☐ 기타_____

_____

# 당신의 내면 통제자를 활성화하는 상황

당신의 내면 통제자가 항상 활성화되어 당신을 비판하고 있는 것은 아니다. 그것은 대부분의 부분처럼 특정한 사람이나 상황에 의해 활성화된다. 다음은 내면 통제자를 활성화하는 상황이다.

- ❏ 탐닉자가 당신을 속여 통제를 잃게 되었을 때
- ❏ 통제하려고 애쓰는 충동에 대한 강박적 사고가 자각될 때
- ❏ 상처받은 느낌으로 인해 자제력을 잃게 될 때
- ❏ 충동이나 그에 대한 생각, 이를 테면 계획, 공상 혹은 이야기 때문에 주의력이 분산되는 것을 느낄 때
- ❏ 음식, 술, 흡연 등의 유혹을 느끼는 모임에서
- ❏ 유혹이 있는 사교 상황에 대해 생각할 때
- ❏ 당신이 몸부림치고 있는 문제에 대해 쉽게 자신을 통제하는 사람을 볼 때
- ❏ 체중, 애정 관계, 성공 등과 같은 사회 규범에 대한 미디어 묘사에 맞닥뜨릴 때
- ❏ 당신에게 정말로 필요한 것인지, 당신이 갈망하는 것인지에 대해 결정을 내려야 할 때
- ❏ 가족 모임에서
- ❏ 직장에서의 사교 모임에서

❒ TV, 영화, 잡지 등의 미디어에 노출될 때

❒ 기타 _____

_____

# 당신의 내면 통제자의 동기

당신의 내면 통제자 내면 비판자는 자기가 당신을 돕거나 보호하고 있다고 생각하기 때문에 지금 하고 있는 방식대로 당신을 대하는 것이다. 다음은 내면 통제자 부분이 흔히 가지는 동기다.

❒ 해로운 행동에 빠지지 않도록 당신의 충동을 제어하기 위해
❒ 통제 불능이 되지 않도록 당신을 유혹에서 멀리 떼어 놓기 위해
❒ 당신이 그룹에 적응하고 어울릴 수 있도록 하기 위해
❒ 배고프고, 궁핍하며, 헐벗은 아이 부분이 표면에 드러나지 않도록 하기 위해
❒ 당신이 바라는 바, 성공이나 인간관계 같은 것을 성취할 수 있도록 냉철함을 유지하기 위해
❒ 통제 불능이 초래하는 자기혐오적 행동을 피하기 위해
❒ 부수적 피해, 즉 통제 불능 행동의 여파를 최소화하기 위해
❒ 당신의 분노를 관리하고 통제하기 위해

□ 당신이 공격적이거나 자기 주도적이 됨으로 말미암아 사람들에게서 거부당하지 않도록 하기 위해

□ 가족의 가치에서 벗어나지 않도록 하기 위해

□ 기타 _____

_____

## 당신의 내면 통제자 내면 승리자

당신의 내면 비판자와 논쟁하거나 그것을 제거하려는 것은 도움이 되지 않는다는 제1장의 내용을 기억하라. 당신의 내면 승리자가 당신을 지지하도록 만드는 것이 효과적이다.

만약 내면 통제자가 당신의 문제에 대해 비현실적인 관점을 가지고 있더라도 당신의 내면 승리자는 당신의 필요와 욕구가 문제가 되지 않으며 지금 모습 그대로의 당신이 괜찮다고 이야기한다. 내면 승리자는 당신의 몸과 접촉하면서 몸의 필요를 자각하고 민감하게 반응할 수 있는 당신의 능력을 지지한다. 내면 승리자는 당신이 천천히 자신의 감각을 자각하고, 자신의 충동적인 욕구보다는 진정한 필요를 이해하도록 독려한다. 내면 승리자는 당신이 자신의 목표에 대해 비전에 맞는 현실적인 선택을 할 수 있도록 지지한다.

내면 승리자는 당신이 중심을 잡고 안정된 상태를 유지하는 훈

련에 참여하도록 돕는다. 내면 승리자는 당신이 참자아와 접촉하고 있을 때 명료하게 생각하고, 어떤 것이 당신에게 건강한 것이며, 어떤 것이 그렇지 못한 것인지 더 잘 분별할 수 있게 된다는 사실을 알고 있다. 내면 승리자는 당신이 탐닉자 활성화에 대한 대처 방안뿐만 아니라 친구와 지원 프로그램, 전문적인 지원을 사려 깊게 선택하도록 돕는다.

내면 승리자는 내면 통제자가 지나치게 경직되어 있거나 수치감을 주고 있을 때 한계를 정해 줄 수 있다. 내면 승리자는 내면 통제자에게 중용의 필요성은 인정하지만 가혹한 공격은 도움이 되지 않는다고 말해 준다.

내면 승리자는 당신이 자신을 더 잘 돌보고, 자신이 귀하다는 느낌을 가지도록 만들어 줄 수 있는, 삶을 풍요롭게 하는 활동에 참여하도록 독려한다. 내면 승리자는 당신이 자신이 이미 가지고 있는 사랑스러운 것에 눈을 뜨도록 만든다.

"잠에서 깨어 장미 향기를 맡으라."는 속담이 여기에 적용된다. 우리 주위에는 아름답고, 감각적이며, 즐길 수 있는 많은 것이 있다. 우리가 시간을 가지고 천천히 여기에 무엇이 있는지 음미할 때—작은 것을 충분히 감각적으로 느낄 때—우리는 탐닉자를 진정시킬 수 있는 길로 들어서게 된다.

내면 통제자—탐닉자 갈등에는 종종 어릴 적에 상처받았던 당신의 여린 부분이 감춰져 있다. 이 양극화 현상을 누그러뜨렸을 때 당신은 어린 부분에 접근하여 내면 승리자의 양육을 베풀 수 있다.

때로는 당신의 내면 승리자에 대해 읽는 것 말고 내면으로 들어가 내면 승리자를 깨우는 것도 도움이 된다. 만약 지금 이렇게 하고 싶으면 제9장의 연습 문제로 가라.

# 내면 통제자 내면 승리자의 표현

다음은 사람들이 내면 통제자 내면 승리자에게서 흔히 듣고 싶어 하는 표현이다. 내면 승리자의 네 가지 측면으로 배열하였다.

1. 경계 설정: 당신의 내면 승리자는 당신이 내면 비판자를 제한할 수 있도록 돕는다.
2. 양육: 당신의 내면 승리자는 내면 비판자에 의해 상처받은 당신의 부분을 양육한다.
3. 안내: 당신의 내면 승리자는 내면 비판자의 왜곡이 있음에도 당신이 당신 자신과 당신의 선택을 분명히 바라보도록 안내와 관점을 제공한다.
4. 행동 계획: 당신의 내면 승리자는 내면 비판자의 의심과 방해가 있음에도 당신이 성공적으로 나아갈 수 있도록 계획 수립을 돕는다.

## 경계 설정 표현

❏ 네가 도우려고 애쓰는 것은 알아. 그렇지만 나를 통제하려고
　하지는 말아 줘!

❏ 나 좀 내버려 둬. 나한테 필요한 것은 내가 알아낼 테니 믿
　어 줘.

❏ 나는 존중받을 만한 가치가 있는 좋은 사람이야.

❏ 기타 _____

_____


## 양육 표현

❏ 너는 사랑스러워.

❏ 너의 필요가 이해가 될뿐더러 수용할 만해.

❏ 네가 정말로 필요로 하는 것에 잘못된 점은 없어.

❏ 너는 사랑받고 존중받을 만한 가치가 있어.

❏ 너는 지금 모습 그대로 괜찮아.

❏ 너는 자신을 신뢰해도 돼.

❏ 네 속에 있는 고통을 치유할 수 있다면 탐닉적 행동으로 네
　감정을 회피하지 않아도 돼.

❏ 기타 _____

_____

## 안내 표현

☐ 너는 네가 바라는 것을 가질 수 있어. 그것이 무엇인지 알아내기만 하면 돼.

☐ 자기사랑을 통해 네가 갈망하는 길이 열릴 거야. 너는 네 자신에 대해 뿌듯하게 느껴도 돼. 사랑받을 권리가 있으니까.

☐ 오늘의 네가 있기까지 영향을 끼친 사람을 찾아봐.

☐ 안정을 찾고 중심을 잡으면 중용을 지킬 수 있게 될 거야.

☐ 너는 자신에 대해 편안히 느끼면서 필요로 하는 것을 관리할 수 있어.

☐ 우리 모두는 관능과 즐거움, 기쁨을 누려도 괜찮아.

☐ 안정된 상태에서 네가 갈망하는 지지를 받는 것은 괜찮아.

☐ 중용은 평화로운 삶의 방식일 수 있어.

☐ 너의 성장을 도울 지원 체계를 개발하면 너의 몸부림도 정상으로 돌아올 거야.

☐ 너의 독특한 능력과 강점은 인정받을 만해.

☐ 기타 _____

_____

## 행동 계획 표현

☐ 네가 매일 시간을 쪼개 중심 잡는 활동을 하면 안정을 찾는

데 도움이 될 거야.

❐ 자신을 위해 시간을 내어 네 관능을 지원하도록 해 봐.

❐ 네 영혼에 자양분을 제공할 수 있는 것이 무엇인지 탐구해 봐.

❐ 시간을 내어 네 자신을 인정하는 것이야말로 네게 베풀 수 있는 선물이야.

❐ 창의력을 사용해 너의 프로세스를 탐색하면 너의 성장이 공고해질 거야.

❐ 네가 필요한 것을 주장하도록 해.

❐ 기타 _____

_____

이것은 당신이 이미 내면에서 듣고 있는 표현일 수도 있고, 자주 듣기 시작하는 표현일 수도 있다. 혹은 지금까지는 없었을지라도 당신이 내면 승리자에게서 듣고 싶어 하는 표현일 수도 있다.

당신은 이 장을 끝냈으므로 다음의 여러 선택 사항 중에서 선택하여 진행하도록 한다.

1. 제9장과 10장으로 가서 당신의 내면 통제자 내면 승리자를 활성화하는 연습을 한다.

2. 순서대로 계속 읽는다.

3. 당신이 작업하고 싶은 또 하나의 내면 비판자를 설명하는 장을 선택한다.

4. IFS를 사용하여 내면 비판자의 심층 치유와 변화를 가져오기 위해 제11장과 부록으로 진행한다.

제 **5**장

파괴자

파괴자(Destroyer)는 당신의 근본적인 자기가치에 치명상을 입힌다. 파괴자는 당신이 자신에게 타고난 결함이 있다는 느낌을 가질 정도로 깊은 수치심을 가져다준다. 이로 인해 당신은 자신이 구원받을 수 없다고 믿게 된다. 파괴자는 당신에게 매우 원초적인 공격을 가한다. 많은 내용이 담겨 있지 않더라도 강력하기는 마찬가지다. 어떤 파괴자는 말 대신에 수치심과 우울감이라는 신체 감정을 택한다. 어떤 파괴자는 당신에게 존재할 가치도 없다는 모욕감을 안겨 준다. 그들은 당신을 파괴하고 궤멸하고 싶어 한다.

　파괴자는 모든 유형의 내면 비판자 중에서 가장 해롭고 강력하게 무력화시키는 유형이다. 당신 혼자서 이 부분과 작업하지는 마라. 당신이 이 부분과 작업하기 위해서는 최소한도로 이해심 많은 친구의 지원을 받으라. 그러나 가장 파괴적인 내면 비판자를 받아들이는 법을 배우고 그것을 변화시키기 위해서는 아마도 치료사와 작업을 해야 할 것이다.

　파괴자는 아주 어릴 적에, 말로써 많은 것을 표현하지 못하는 한 살이나 두 살 때 나타난다. 그의 공격은 상당히 원초적이기 때문에 당신의 파괴자가 긍정적인 동기를 가지고 있다고 단정적으로 말하는 것이 어려울 수 있다. 그러나 안심하라. 파괴자도 긍정적인 동기를 가지고 있다. 다음과 같은 몇 가지 가능성이 있다.

1. 당신의 파괴자는 다른 사람이 당신을 공격할 것이라 기대한다. 그래서 파괴자가 먼저 당신을 공격한다. 이것은 파괴자에게 무서운 상황에 대한 통제감을 가져다준다. 이것은 또한 당신이 이미 공격을 막아 내었기 때문에 당신이 취약하거나 다른 사람에게 휘둘리지 않는다는 것을 의미한다. 어쨌든 당신은 이미 패한 것에 또 다시 패배할 수는 없다.

2. 당신은 어릴 적에 생명 에너지를 표현하다가 어떤 식으로든 응징을 당했다. 혹은 당신이 살아 있다는 사실로 말미암아 삼킴을 당하거나 학대당하였다. 당신의 파괴자는 당신을 안전하게 지키기 위한 유일한 방법은 당신이 가지고 있는 에너지의 불을 꺼 버리는 것이라고 생각한다. 파괴자는 심지어 당신이 안전할 수 있는 유일한 방법은 '존재하지 않는 것'이라고까지 생각했을 가능성도 있다. 파괴자는 과거 상황에 갇혀 오늘날에도 이 행동을 계속하고 있는 것이다.

3. 어린 시절에 불쾌하고 고통스러운 일이 발생하였다.
   (1) 당신의 파괴자는 당신에게 일어났던 일에 대해 분노하였다. 그러나 이것을 밖으로 표출하는 것은 안전하지 못하

였기에 파괴자는 그 분노를 당신에게 돌렸고 오늘날에도 여전히 그 일을 하고 있는 것이다.

(2) 당신의 파괴자는 발생한 사건에 대해 당신을 비난하기로 결정하였다. 파괴자는 당신이 바뀌기만 하면 고통을 완화할 기회가 있다고 생각하였다. 견딜 수 없는 상황 가운데에서 완전히 속수무책의 무력감에 휩싸이는 것보다는 이것이 나았고, 이런 일이 오늘날에도 여전히 일어나고 있는 것이다.


## 당신의 파괴자의 표현

다음은 파괴자 내면 비판자에게서 흔히 들을 수 있는 표현이다.

☐ 너는 가치 없는 존재야.

☐ 아무도 너를 원하지 않아.

☐ 너는 모자라(바보야, 서툴러, 못생겼어 등).

☐ 너를 받아들일 수 없고 사랑할 수도 없어.

☐ 너는 패배자야.

☐ 너는 네 자신을 부끄러워해야 해.

☐ 너를 죽이고 싶어.

☐ 너는 살 만한 가치가 없어.

☐ 너는 태어나지 말았어야 했어.

☐ 너는 사랑이나 관심을 받을 자격이 없어.

☐ 너는 거짓으로 덮여 있어─네 속이 들여다보여.

☐ 네가 누군지 아는 사람은 모두 네가 부족하다는 것을 알 거야.

☐ 누구든지 너보다는 잘할 수 있어.

☐ 아무도 너를 변호하거나 보호해 주지 않을 거야.

☐ 너는 네 자신에 대해 뿌듯해 할 만한 가치가 없어.

☐ 너는 어디에도 끼지 못해.

☐ 사람들은 모두 네가 못났다고 생각하고 있어.

☐ 너는 네가 바라는 것을 가질 만한 가치가 없어.

☐ 네가 하려고 하는 것에서는 어떤 좋은 것도 나오지 않을 거야.

☐ 기타 _____

---

# 당신의 파괴자를 활성화하는 상황

당신의 파괴자가 항상 활성화되어 당신을 비판하고 있는 것은 아니다. 그것은 대부분의 부분처럼 특정한 사람이나 상황에 의해 활성화된다. 다음은 파괴자를 활성화하는 상황이다.

☐ 파괴자 내면 비판자가 항상 당신 마음속에 자리 잡고 있다고

생각할 때

☐ 직장에서 제 몫을 하라고 요청받거나 평가받게 될 때

☐ 모임에서 당신이 다른 사람에 의해 판단이나 평가받을 것이라고 생각될 때

☐ 당신이 어떤 기준에 도달해야 한다고 생각되는 모든 상황에서

☐ 당신이 욕먹을 것이라고 생각되는 모든 상황에서

☐ 당신이 다른 사람의 눈에 띄는 것을 두려워할 때

☐ 당신이 자기주장을 하거나 무엇을 구해야 할 때

☐ 당신이 자기 자신을 변호하거나 의견을 발표하라는 요청을 받았을 때

☐ 당신이 스스로 알아서 원하는 바를 분별해야 하는 결정을 내려야 할 때

☐ 당신이 누군가에게 화가 날 때

☐ 당신이 중요하게 여기는 관계에서 협박당하는 느낌이 들 때

☐ 기타＿＿＿＿＿＿＿＿＿＿＿＿＿＿＿＿＿＿＿＿＿＿

＿＿＿＿＿＿＿＿＿＿＿＿＿＿＿＿＿＿＿＿＿＿＿＿＿＿


# 당신의 파괴자의 동기

당신의 파괴자 내면 비판자는 자기가 당신을 돕거나 보호하고 있다고 생각하기 때문에 지금 하고 있는 방식대로 당신을 대하는

것이다. 다음은 파괴자 부분이 흔히 가지는 동기다.


❏ 다른 사람에 의해 상처받지 않도록 당신을 작고 안전하게 지키기 위해

❏ 당신이 실망하지 않도록 모든 희망의 싹을 자르기 위해

❏ 다른 사람보다 먼저 당신을 공격함으로써 상황을 통제하기 위해

❏ 당신의 비판이나 거부에 대처할 능력에 대한 믿음이 없어서 당신을 작게 유지하기 위해

❏ 당신의 역량이 지나치게 과대평가되었기 때문에 실패하지 않도록 (파괴자 관점에서) 당신의 존재를 상기시켜 주기 위해

❏ 가족과 관계를 유지할 수 있도록 당신을 당신의 존재에 대한 부모의 부정적인 관점과 부합시키기 위해

❏ 어릴 때 양육자를 향해 표출할 수 없었던 분노가 부지중에 당신에게로 향하기 때문에

❏ 당신에게 탓을 돌림으로써 고통을 제어하기 위해. 파괴자는 만약 당신이 '더 나았다면' 부정적인 상황을 바꿀 수 있었다고 생각한다.

❏ 부정적인 행동이라도 행동으로 옮기는 것이 속수무책의 무력감을 느끼는 것보다 낫다고 생각하기 때문에

❏ 생명 에너지를 표현하였다가 묵살당하는 것을 막기 위해

❏ 어릴 적의 공격자와 동일시함으로써 힘을 소유하기 위해

- ☐ (파괴자 관점에서) 문제를 일으키고 있는 당신의 부분을 제거하기 위해
- ☐ 파괴자는 자기 비난이 다른 사람의 비판에서 당신을 보호할 수 있는 선제공격이라 믿고 있기 때문에
- ☐ 당신이 거부당하지 않도록 분노를 당신에게 향하게 하기 위해
- ☐ 기타 _____

---

## 당신의 파괴자 내면 승리자

당신의 내면 비판자와 논쟁하거나 그것을 제거하려는 것은 도움이 되지 않는다는 제1장의 내용을 기억하라. 당신의 내면 승리자가 당신을 지지하도록 만드는 것이 효과적이다.

파괴자의 면전에서 당신의 내면 승리자는 당신이 존재할 권리가 있다고 단언한다. 그것은 당신의 타고난 권리다. 누구도 당신이나 당신의 자기가치를 파괴할 권리가 없다. 당신은 가장 근본적인 수준에서 당신이라는 존재만으로도 가치가 있다. 당신의 에너지와 살아 있다는 사실은 당신의 본질적이고 아름다운 측면이다.

당신의 내면 승리자는 당신을 사랑하고 돌본다. 내면 승리자는 당신의 고통에 대해 커다란 긍휼의 마음을 가지고 있으며 당신이 뿌듯하고 온전한 느낌을 가지기를 원한다. 내면 승리자는 당신을

꼭 껴안으며 당신은 자기에게 매우 귀한 존재라고 이야기한다. 내면 승리자는 가장 초보적인 신체적 방법으로 당신을 양육한다. 당신이 그것을 필요로 하기 때문만이 아니라 내면 승리자가 당신과 친밀해지기를 매우 원하기 때문이다.

당신의 내면 승리자는 파괴자의 공격이 깊은 상처를 주기 때문에 파괴자에게 당신을 들볶지 말라고 명령한다. 내면 승리자는 파괴자 관점에서 돕고 있다고 생각하는 지금의 방법은 실제로 당신을 돕고 있는 것이 아님을 파괴자에게 상기시킨다. 사실 그것은 커다란 해를 끼치고 있는 것이다. 내면 승리자는 파괴자와 거리를 둔다.

때로는 파괴자가 원래 바깥세상의 사람에게로 향했던 분노나 공격을 안으로, 당신을 향하게 한다. 당신의 내면 승리자는 그것을 다시 원래 의도했던 곳으로 향하게 할 수 있다. 내면 승리자는 당신이 한계를 정하거나, 힘을 갖기 위해, 혹은 자신을 보호하기 위해 당신에게 상처를 주거나 무책임했던 사람에게 화를 낼 권리가 있음을 주장한다. 그렇다. 여기에는 당신과 맞지 않는 인간관계를 끝내거나 직장을 그만두는 것까지도 포함될 수 있다.

때로는 당신의 내면 승리자에 대해 읽는 것 말고 내면으로 들어가 내면 승리자를 깨우는 것도 도움이 된다. 만약 지금 이렇게 하고 싶으면 제9장의 연습 문제로 가라.

# 파괴자 내면 승리자의 표현

다음은 사람들이 파괴자 내면 승리자에게서 흔히 듣고 싶어 하는 표현이다. 내면 승리자의 네 가지 측면으로 배열하였다.

1. 경계 설정: 당신의 내면 승리자는 당신이 내면 비판자를 제한할 수 있도록 돕는다.
2. 양육: 당신의 내면 승리자는 내면 비판자에 의해 상처받은 당신의 부분을 양육한다.
3. 안내: 당신의 내면 승리자는 내면 비판자의 왜곡이 있음에도 당신이 당신 자신과 당신의 선택을 분명히 바라보도록 안내와 관점을 제공한다.
4. 행동 계획: 당신의 내면 승리자는 내면 비판자의 의심과 방해가 있음에도 당신이 성공적으로 나아갈 수 있도록 계획 수립을 돕는다.

## 경계 설정 표현

❏ 나는 가혹하게 대접받아야 할 이유가 없어.
❏ 들볶지 마. 나를 성가시게 하지 마.
❏ 나는 너와 좀 떨어져 있어야겠어.

❏ 너는 나를 돕는 것이 아니라 상처를 입히고 있는 거야.

❏ 기타 _____

_____

## 양육 표현

❏ 너는 너라는 존재만으로도 사랑받을 만한 가치가 있어.

❏ 너는 다른 사람은 물론이고 네 자신에게도 사랑과 존중으로
대접받을 만한 가치가 있어.

❏ 네가 나하고는 긴장을 풀고 안전한 느낌을 가져도 돼.

❏ 너는 더 이상 부모에게 휘둘리는 상처받기 쉬운 아이가 아니
야. 너는 이제 네 자신을 돌볼 수 있잖아.

❏ 너는 네가 살아 있다는 사실을 즐길 수 있잖아.

❏ 나는 너를 품어 양육하기 위해 여기 있을 거야.

❏ 너는 착하고 귀하며 사랑스러운 존재야.

❏ 너를 이해하고 네 모습 그대로를 수용하겠어.

❏ 네가 분노와 좌절을 느끼고 표현하는 것이 문제가 되지는
않아.

❏ 기타 _____

_____

## 안내 표현

❏ 너는 너만의 길을 찾아가고 있는 독특한 영혼이야. 너는 그 길을 찾을 수 있을 거야.

❏ 너는 너만의 여행을 지지해 줄 사람—너를 사랑하고, 도우며, 안내해 줄 사람—을 찾을 수 있을 거야.

❏ 너는 너 자신을 신뢰해도 돼. 내면으로 들어가 네 안내자와 함께 있을 수 있도록 시간과 장소를 확보하도록 해.

❏ 기타 _____

_____

## 행동 계획 표현

❏ 네 자신의 페이스대로 움직이는 것이 지혜로운 거야.

❏ 차근차근 나아가. 네가 나아갈 때 지지받고 있다는 느낌을 가지도록 해.

❏ 함께 있어 너를 이해하고 존중할 수 있는 사람을 고르도록 해.

❏ 너의 목표를 정하고, 도달하기 위해 필요한 도움을 찾도록 해.

❏ 네 자신에게 부드럽고 친절하게 대하며, 내면의 긍휼함을 찾도록 해.

❏ 너의 진실이 무엇인지 마음속에서 감지하고, 그것을 표현하는 훈련을 하도록 해.

☐ 기타 _____

_____

이것은 당신이 이미 내면에서 듣고 있는 표현일 수도 있고, 자주 듣기 시작하는 표현일 수도 있다. 혹은 지금까지는 없었을지라도 당신이 내면 승리자에게서 듣고 싶어 하는 표현일 수도 있다.

파괴자는 당신에 대한 공격이라는 측면에서 거의 현실적이지 못하므로 파괴자와 관련된 내면 멘토는 필요 없다.

당신은 이 장을 끝냈으므로 다음의 여러 선택 사항 중에서 선택하여 진행하도록 한다.

1. 제9장과 10장으로 가서 당신의 파괴자 내면 승리자를 활성화하는 연습을 한다.
2. 순서대로 계속 읽는다.
3. 당신이 작업하고 싶은 또 하나의 내면 비판자를 설명하는 장을 선택한다.
4. IFS를 사용하여 내면 비판자의 심층 치유와 변화를 가져오기 위해 제11장과 부록으로 진행한다.

제 **6** 장

# 죄책감 고취자

죄책감 고취자(Guilt Tripper)는 당신이 행한 어떤 일에 대해 당신의 기분을 언짢게 만드는 내면 비판자다. 죄책감 고취자는 과거를 꼭 붙잡고 당신이 했던 상처 주는 행동이나 심지어 누군가에게 해를 끼치게 만들었던 사고까지도 생각나게 한다. 죄책감 고취자는 자기 관점에서 당신이 잘못했다고 생각하는 것에 대해 당신을 무자비하게 응징한다. 그리하여 당신이 자신을 나쁜 사람이라고 믿게 만든다. 죄책감 고취자는 당신이 취한 행동을 잊어버리지 않게 하며, 그와 관련해서 당신 자신을 용서하지도 못하게 한다. 죄책감 고취자는 당신의 단점이나 악행의 렌즈를 통해 당신을 바라보며, 죄책감과 함께 당신은 삶의 축복을 누릴 가치가 없다고 느끼도록 만든다.

죄책감 고취자는 특히 인간관계에 대해 염려한다. 죄책감 고취자는 당신의 문화, 가족 혹은 종교의 가치를 존중한다. 죄책감 고취자는 당신이 사랑스러운 딸, 헌신적인 엄마, 보호적인 아빠, 충실한 오빠나 아들이 되기를 기대한다. 만약 이 비판자가 당신이 어떤 역할에 실패하여 사랑하는 사람에게 해를 가했다고 인식하면 당신을 무자비하게 공격한다. 죄책감 고취자는 당신이 했다고 혹은 하지 않았다고, 바보같이 행동했다고 혹은 불친절하게 행동했다고, 행동해야 할 때 행동하지 않았다고 당신을 공격한다.

어떤 죄책감 고취자는 당신의 인간관계가 유지되도록 애쓰고 있다. 이 죄책감 고취자는 당신이 자신의 복지에 중요하다고 생각하는 어떤 그룹이나 '부족'에 확실히 속하기를 원한다. 이 죄책감 고취자는 당신이 혼자 있거나 소외되는 것을 원치 않는다. 죄책감 고취자는 당신이 행한 바를 지속적으로 기억나게 함으로써 당신이 이 같은 형편없는 짓을 다시는 하지 못하게 하여 당신을 보다 더 나은 사람으로 만들려는 목표를 가지고 있다.

또 다른 죄책감 고취자는 당신이 정말로 옳은 가치를 가지고 있는지 증명해 보려고 당신을 응징하고 싶어 한다. 그 죄책감 고취자는 당신이 정말로 자신의 가치를 훼손하고 누군가를 해하였다고 믿고 있다. 그러므로 그 죄책감 고취자가 가차 없이 당신을 응징한다면 그것은 적어도 당신이 옳은 것을 믿고는 있다는 사실을 보여 주는 것이 된다.

죄책감 고취자는 당신 자신을 다른 사람에게 위험한 존재로 본다. 그러므로 죄책감 고취자는 당신과 세상 둘 다를 보호하기 위해 당신의 단점으로 인식되는 부분을 막고자 삼엄한 경계를 하고 있는 것이다. 죄책감 고취자는 당신이 이기적이고, 멍청하며, 꼭막혔고, 어설프다고 생각할 수 있다. 죄책감 고취자는 당신이 무의식적인 실수를 다시 하지 않도록 확실하게 하기 위해 당신의 생각, 충동, 감정을 들볶을 수도 있다.

생존자의 죄책감은 이 비판자가 가지고 있는 병기 중 하나다. 죄책감 고취자는 다른 사람이 사망하거나 불구가 되었을 때 당신이 살아 있거나 기능하고 있다는 이유만으로 당신을 괴롭힐 수 있다. 유태인 대학살 생존자는, 사고나 범죄 사건의 유일한 생존자처럼, '왜, 나만?' 이라는 감정과 싸운다.

죄책감 고취자는 오랜 기간을 두고 당신의 에너지를 소비시켜 당신의 자긍심이 급격하게 감소되도록 한다. 용서도 없고 과거에 대해 속죄할 방도도 없을 때 당신 삶은 희망이 없고 황량해 보일 수 있다.


# 당신의 죄책감 고취자의 표현

다음은 죄책감 고취자 내면 비판자에게서 흔히 들을 수 있는 표현이다.

- ☐ 너는 나쁜 놈이야.
- ☐ 너는 네가 한 행동에 대해 결코 용서받지 못할 거야.
- ☐ 너는 네 자신이 부끄러운 줄 알아야 해!
- ☐ 너는 다치거나 죽거나 했었어야 해(생존자의 죄책감).

☐ 이런 형편없는 짓을 한 너는 도대체 누구라고 생각해?

☐ 너는 네가 저지른 일 때문에 행복할(살, 즐거움을 누릴) 자격이 없어.

☐ 너는 고통을 경험하고 네 자신에 대해 기분이 언짢아야 해.

☐ 너는 벌을 받아도 싸. 너는 누군가에게 고통을 주었어.

☐ 너는 네가 사랑하고 관계를 맺고 있는 사람에 대해 책임을 다하지 못했어.

☐ 너는 이 가족(공동체, 문화) 안에서 어떤 방식으로 행동하고 태도를 취했어야 했는데 모든 사람의 기대를 저버렸어.

☐ 네가 그러한 생각, 감정, 충동 혹은 욕구를 가지고 있다니 혐오스러워.

☐ 네가 그(그녀)에게 어떻게 이런 짓을 할 수 있었단 말이니?

☐ 만약 사람들이 정말로 네가 어떤 사람인지 안다면 너와 사귀지 않을 거야.

☐ 너는 정말 충동적이고 생각이 없으니 사람들에게 상처 주는 것이 당연해.

☐ 너는 이기적이야. 신뢰할 수 없어.

☐ 네가 심각한 실수를 저질렀고, 다른 사람이 그 값을 치렀어.

☐ 잘못된 결정에 대해 평생 책임지고 살아야 할 거야.

☐ 네가 겉으로 좋게 보일 때마다 너는 가짜라는 것을 기억해.

☐ 네 가족이 너에 대해 무엇인가를 알아내면 너를 미워할 거야.

☐ 너는 부모로서 네 아이를 더 잘 알고 보호해 주어야 했어.

□ 기타 _____

_____

# 당신의 죄책감 고취자를 활성화하는 상황

당신의 죄책감 고취자가 항상 활성화되어 당신을 비판하고 있는 것은 아니다. 그것은 대부분의 부분처럼 특정한 사람이나 상황에 의해 활성화된다. 다음은 죄책감 고취자를 활성화하는 상황이다.

□ 당신이 누군가에게 끼친 고통이 생각나는 상황에서(대화, 영화, TV, 문학작품)
□ 사람들이 당신 때문에 풀이 죽고, 실망하고 있다는 사실을 자각하는 상황에서
□ 가족에 대한 책임을 생각나게 하는 상황에서
□ 당신의 문화 규범과 어떻게 다른가를 생각하게 하는 가족 상황에서
□ 당신이 다른 사람에 대한 책임을 지고 있는 듯이 느껴지는 사교 상황에서
□ 당신이 자신을 다른 사람과 비교하는 상황에서
□ 당신이 다른 사람에게 큰 충격을 주었다는 사실을 자각하는

상황에서

- [ ] 당신 자신이 어떤 것에 대한 자격이 있는지의 여부를 확인하려 애쓰는 상황에서
- [ ] 당신의 욕구와 타인의 욕구를 균형 맞추어야 하는 상황에서
- [ ] 직장에서 당신이 다른 사람에게(혹은 당신의 고유 업무로서) 해야 할 책임을 소홀히 하고 있다는 피드백을 받는 상황에서
- [ ] 당신이 가지고 있는 어떤 경향에 대해 누군가가 당신을 판단하는 상황에서
- [ ] 당신의 은밀한 생각, 감정 혹은 성향이 수용될 만한 것인지의 여부를 확인하려 애쓰는 상황에서
- [ ] 당신이 왜곡되었거나 잘못되었다고 믿는 생각이나 욕구를 가지고 있는 상황에서
- [ ] 기타 _____

_____

## 당신의 죄책감 고취자의 동기

당신의 죄책감 고취자 내면 비판자는 자기가 당신을 돕거나 보호하고 있다고 생각하기 때문에 지금 하고 있는 방식대로 당신을 대하는 것이다. 다음은 죄책감 고취자 부분이 흔히 가지는 동기다.

☐ 당신이 해로운 행동을 반복하지 못하도록 하기 위해

☐ 당신이 의식적으로 행동하여 당신의 가치와 부합할 수 있도록 자신을 계속 자각시키기 위해

☐ 죄책감 고취자가 당신의 나쁘고 충동적인 부분이라 여기는 것을 관리하기 위해

☐ 당신이 자신에게 중요한 사람과의 관계를 계속 유지하도록 하기 위해

☐ 당신의 가족 환경에서 안정 구조를 유지하기 위해. 즉, 당신을 '범인' 취급함으로써 현상 유지를 하기 위해

☐ 당신의 과거 행동에 대한 대가를 치르게 함으로써 당신이 당신에게 중요한 이들과 다시 관계를 맺을 수 있도록 돕기 위해

☐ 어떤 것이 옳고 그른지 당신에게 상기시킴으로써 당신이 당신 가족이나 문화에 확실히 수용될 수 있도록 하기 위해

☐ 당신이 애정과 존중으로 다른 사람과의 관계를 유지할 수 있도록 당신의 충동을 억제하기 위해

☐ 당신이 항상 옳은 가치를 옹호하지는 않았을지라도 그것을 가지고 있다고 스스로 뿌듯해 할 수 있게 만들기 위해

☐ 당신의 역할과 책임에 계속 초점을 맞추기 위해

☐ 기타 _____

_____

# 당신의 죄책감 고취자 내면 승리자

당신의 내면 비판자와 논쟁하거나 그것을 제거하려는 것은 도움이 되지 않는다는 제1장의 내용을 기억하라. 당신의 내면 승리자가 당신이 죄책감 앞에서도 자신에 대해 뿌듯해 할 수 있도록 당신을 지지하게 만드는 것이 효과적이다.

내면 승리자는 당신이 자신의 참가치를 살피는 과정에서 당신의 행위가 잘못되지 않았다고 생각하면 죄책감을 느끼지 않도록 당신을 지지한다. 내면 승리자는 당신이 바르게 행동하고 있으며, 당신은 선한 사람이라고 이야기해 준다. 내면 승리자는 죄책감 고취자가 가지고 있는 시대착오적인 가치가 당신의 가족이나 문화에서 왔으며, 당신에 대한 진실을 반영하고 있지 않으므로 죄책감 고취자에게 당신을 그만 들볶으라고 명령한다.

때로는 당신의 내면 승리자에 대해 읽는 것 말고 내면으로 들어가 내면 승리자를 깨우는 것도 도움이 된다. 만약 지금 이렇게 하고 싶으면 제9장의 연습 문제로 가라.

# 죄책감 고취자 내면 승리자의 표현

다음은 사람들이 죄책감 고취자 내면 승리자에게서 흔히 듣고 싶어 하는 표현이다. 내면 승리자의 네 가지 측면으로 배열하였다.

1. 경계 설정: 당신의 내면 승리자는 당신이 내면 비판자를 제한 할 수 있도록 돕는다.
2. 양육: 당신의 내면 승리자는 내면 비판자에 의해 상처받은 당 신의 부분을 양육한다.
3. 안내: 당신의 내면 승리자는 내면 비판자의 왜곡이 있음에도 당신이 당신 자신과 당신의 선택을 분명히 바라보도록 안내 와 관점을 제공한다.
4. 행동 계획: 당신의 내면 승리자는 내면 비판자의 의심과 방해 가 있음에도 당신이 성공적으로 나아갈 수 있도록 계획 수립 을 돕는다.

## 경계 설정 표현

❏ 네가 나를 보호하려고 애쓰는 것은 알아. 하지만 전혀 도움 이 되지 않아.
❏ 나 좀 내버려 둬. 내게는 생존권과 내 자신을 존중할 권리가 있어.
❏ 과거 문제로 내 자신을 미워하는 것은 현재의 내가 더 나은 사람이 되도록 도와주지 못해.

☐ 기타 _____

_____

## 양육 표현

☐ 너는 충분히 고통을 받았어. 이제 네 자신을 용서할 시간이야.

☐ 과거는 과거야. 오늘날의 네 존재에 대해 뿌듯한 기분을 가져도 돼.

☐ 현재에 가장 선한 사람이 되도록 이끌어 주는 것은 자기사랑이야.

☐ 너는 진정한 너 자신을 찾을 수 있도록 지지받을 권리가 있어.

☐ 기타 _____

_____

## 안내 표현

☐ 너는 네 실수에서 배웠고, 그래서 그 부분이 개선되었어.

☐ 너는 마땅히 자율적이 되어야 해. 네가 다른 사람과의 관계에 그리 얽매일 이유는 없어.

☐ 우리는 모두 빛을 향해 나아가고 있는 진행 중인 작품이야.

☐ 후회는 네가 한 행위에 대한 것이지 네 존재에 대한 것은 아니야.

❏ 오늘날의 네 존재에 대한 관점을 견지하는 것이 중요해. 너는 네 행동에 대해 자신에게 정직함으로써 많은 것을 배웠잖아.

❏ 네 참존재에 접촉하면 할수록 너는 더욱 평화로운 느낌을 가지게 될 거야.

❏ 너는 네 자신을 신뢰할 수 있고, 네 존재에 대해 호기심을 가질 수도 있어.

❏ 기타 _____

_____

## 행동 계획 표현

❏ 네 자신과 행동에 대해 책임을 지도록 해.

❏ 네가 할 수 있는 것은 돌보고, 바꿀 수 없는 것은 내려놓도록 해.

❏ 네 책임인 것과 그렇지 않은 것을 가려내기 위해 필요하면 안내를 구하도록 해.

❏ 과거의 실수를 반복하지 않도록 네가 어떤 역량을 계발할 필요가 있는지 평가해 봐.

❏ 네 자신을 용서하도록 해.

❏ 너를 이해하고 수용하는 사람과 함께 당신 자신을 지지할 수 있는 방안을 찾아봐.

☐ 당신 자신과 다른 사람에 대해 가능한 한 정직하도록 해.

☐ 네 자신을 수용하고, 너의 존재를 지지할 수 있는 방안을 찾도록 해.

☐ 기타 _____

_____

이것은 당신이 이미 내면에서 듣고 있는 표현일 수도 있고, 자주 듣기 시작하는 표현일 수도 있다. 혹은 지금까지는 없었을지라도 당신이 내면 승리자에게서 듣고 싶어 하는 표현일 수도 있다.

## 당신의 내면 멘토

당신의 내면 멘토는 내면 비판자—이 경우, 죄책감 고취자—의 건강한 버전이다. 만약 당신의 행동이 당신의 진정한 가치를 거스르거나 후회할 만한 어떤 상해를 입혔다면 당신의 내면 멘토는 당신이 당신의 행위에 대해 책임을 지는 것이 중요함을 알고 있다. 내면 멘토는 당신이 당신의 행동과 그 결과까지도 깨끗이 인정하도록 돕되 지지적인 방법을 취한다. 내면 멘토는 당신이 당신의 행위에 대해 보상하고 바로잡으려는 행동을 취할 수 있도록 도와준다. 필요한 경우 내면 멘토는 이러한 파괴적인 행동을 취하도록 이끌었던 부분이 변화되어 다시는 그런 사건이 일어나지 않도록 당신으로 하여금 그 부분에 대해 작업하는 것을 도와준다.

그러나 그 사건이 여러 해 전에 일어났다면 당신은 이러한 문제를 이미 해결했을 수도 있다. 그래서 당신은 더 이상 그 당시의 당신이 아닌 것이다. 그러나 죄책감 고취자는 이것을 알지 못한다. 내면 승리자는 지금 당신의 존재와 당신이 그동안 습득한 지혜를 죄책감 고취자에게 알려 줄 수 있다. 내면 승리자가 당신이 이제 이 같은 행동을 하지 않을 것임을 분명히 해 주는 것이다.

당신의 내면 승리자는 죄책감 고취자의 끊임없는 채찍질이 당신에게 상처를 주고, 당신의 에너지와 살아 있다는 사실을 위태롭게 할 뿐이라는 것을 알고 있다. 따라서 내면 승리자는 죄책감 고취자의 눈을 똑바로 쳐다보면서 이와 같이 이야기한다. "그건 도움이 안 돼!" 내면 승리자는 당신이 바뀌었고 모든 것을 깨끗이 정리하였기 때문에 더 이상 죄책감 같은 것은 가당찮다고 설명한다. 이렇게 내면 승리자는 당신의 행위를 용서하는 중요한 발걸음을 내딛는다.

당신은 이 장을 끝냈으므로 다음의 여러 선택 사항 중에서 선택하여 진행하도록 한다.


1. 제9장과 10장으로 가서 당신의 죄책감 고취자 내면 승리자를 활성화하는 연습을 한다.
2. 순서대로 계속 읽는다.
3. 당신이 작업하고 싶은 또 하나의 내면 비판자를 설명하는 장

을 선택한다.

4. IFS를 사용하여 내면 비판자의 심층 치유와 변화를 가져오기
   위해 제11장과 부록으로 진행한다.

제 **7**장
# 순응 촉구자

순응 촉구자(Molder) 내면 비판자는 당신을 어떤 틀에 맞추거나 당신이 어떤 특정 방식(돌보는, 공격적인, 예의 바른, 외향적인, 예술적인, 온유한)의 태도를 가지도록 애쓴다. 순응 촉구자는 당신을 자기가 흠모하는 다른 사람과 비교한다. 비록 순응 촉구자가 당신의 부모나 공동체, 유산 혹은 문화에서 비롯된 기대를 내면화하여 그것을 자신만의 가치로 통합하였을지라도 그는 여전히 당신에게 그 기대를 가지고 있다. 순응 촉구자는 당신이 이 틀에 맞추지 않을 때는 당신을 공격하지만, 맞출 때는 칭찬한다.

　당신의 순응 촉구자는 사람들이 당신을 좋아하고 흠모하도록 당신이 맞추어 주기를 원할 수 있다. 순응 촉구자는 당신이 행동을 그르쳐 버림받거나, 거부당하거나, 판단받거나, 수치를 당하지 않도록 미리 막아 주고 싶어 한다. 만약 당신이 성인이 되어서도 여전히 동일한 가족 상황이나 소문화 속에 있다면 지금도 이 현상이 지속될 가능성이 크다. 그러나 비록 당신이 그런 상황에 있지 않더라도 순응 촉구자는 이것을 깨닫지 못하고 당신으로 하여금 규정을 지키게 하려고 애를 쓴다―그것이 더 이상 필요치 않더라도.

순응 촉구자는 매우 다양한 가치를 강요한다. 어떤 것은 당신이 화를 낸다고 공격하고, 또 어떤 것은 예민하다고 공격한다. 어떤 것은 고통을 느끼거나 취약하다고 판단하고, 또 어떤 것은 지나치게 강한 인상을 준다고 판단한다. 몇몇 순응 촉구자는 정서적인 표현을 가치 있게 여겨 당신이 냉담하고 무정하면 징벌한다. 또 다른 순응 촉구자는 지성과 냉정을 가치 있게 여겨 당신이 조그만 감정이라도 드러내면 판단해 버린다. 또 어떤 순응 촉구자는 당신이 세상에서 경쟁에 승리해 부를 축적하기를 원한다. 또 어떤 순응 촉구자는 당신이 검소한 삶을 살며 대부분의 돈을 가난한 사람에게 베풀기를 원한다.

당신은 그렇고 그런 정체성 안에서 당신의 존재에 대해 그렇고 그런 믿음을 가지고, 평범한 현대 문화와 융화하도록 당신을 붙들어 놓는 것을 자기 임무로 아는 순응 촉구자를 가지고 있을 수 있다. 만약 당신이 정서적으로 그리고 영적으로 활짝 개방하거나 당신의 의식을 바꾸기 시작하면 순응 촉구자는 당신이 혼돈 상태에서 길을 잃게 될까 봐 두려워 변화를 막으려고 당신을 공격할 것이다.

많은 사람은 자신의 순응 촉구자를 감지하지 못한다. 그들은 단순히 순응 촉구자의 기대에 부합하며 살아가고 있어 순응 촉구자가 그들을 판단하지 않기 때문이다. 그러나 만일 당신이 성장하고 변화하여 자신의 다른 면을 보이기 시작하면 당신의 순응 촉구자가 활성화될 수도 있다. 만약 당신이 다른 많은 여성처럼 복종하고 매사에 상냥하도록 훈련받았다면 자긍심을 발전시키고 자기주장을 펼치며 강해지는 것이 도리어 당신의 순응 촉구자를 촉진하여 순응 촉구자가 당신을 판단하도록 만들 수도 있다.

만약 당신이 이민 가정 출신이라면 당신은 순응 촉구자가 충돌하는 경험을 할 수도 있다. 모국의 전통적 가치를 계속 존중하도록 애쓰는 한 순응 촉구자가 있는 한편, 독립적이고 현대적이며 미국인 또래 친구의 가치를 따라 살기를 원하는 또 하나의 순응 촉구자가 발달되었을 수 있다. 이 두 순응 촉구자는 서로 충돌하는 동시에 당신이 상충되는 행동을 한다고 비난할 수도 있다.

만약 당신이 자연스러운 당신의 모습과는 정말로 맞지 않는 가치를 가진 가정이나 소문화에서 성장하였다면 당신의 순응 촉구자는 끊임없이 당신을 괴롭힐 수 있다. 예를 들어, 당신이 열심히 일하는 현실적인 영농 가정에서 성장하였지만 천부적으로 지능이나 예술적 재능이 뛰어나다면 당신은 당신의 순응 촉구자의 요구에 따라 사는 것이 거의 불가능하다는 것을 알게 된다. 이로 인해 당신은 평생 순응 촉구자의 끊임없는 비판을 피할 수 없게 된다. 당신의 체형, 성적인 취향, 혹은 성격 측면이 당신의 소문화가 가지는 가치와 부합되지 않아도 이 현상이 일어날 수 있다.

순응 촉구자가 가지고 있는 문제가 반드시 당신이 준수하며 살아가도록 애쓰는 가치만에 국한된 것은 아니다. 이 가치는 삶의 좋은 방식일 수도 있고, 그렇지 않을 수도 있다. 문제는 순응 촉구자가 당신이 진정으로 누구인지, 당신의 진정한 가치가 어떤 것인지 혹은 당신이 어떻게 살아가기로 작정할 것인지에 대해 상관하지 않는다는 것이다. 순응 촉구자는 자신의 가치가 당신 삶의 유일한, 옳은 가이드라인이라고 믿는다. 더욱이 순응 촉구자는 당신이 규범에 맞추어 살지 않을 때 창피를 줌으로써 이러한 '규범'을 강요하려고 애쓴다. 그의 태도는 이것이다. '당신이 이 틀에 맞추지 않으면 당신에게 무언가 문제가 있다.'

순응 촉구자는 당신 안에 옳게 사는 방식에 거스르는 반항자 부분이 있다고 믿는다. 사실 순응 촉구자의 경직성은 통제받는 것에 화가 나서 보란 듯이 관습을 무시할 수도 있는 반항자를 활성화한다. 이것은 상대방을 반격하기 위해 더욱 극단적이 되어 가면서 부분 사이에 강렬한 내면 갈등 혹은 양극화 현상을 촉진하게 된다. 이런 현상이 계속되는 경우, 당신은 그들이 긴장을 풀고 서로 협력하는 것을 배울 수 있도록 그 둘과 함께 작업할 필요가 있다.


# 당신의 순응 촉구자의 표현

다음은 순응 촉구자 내면 비판자에게서 흔히 들을 수 있는 표현이다.

❑ 만약 당신이 규정대로 행동하지 않으면 사람들은 당신을 수용하지 않을 거야.

- ☐ 사람들이 어떻게 생각하는지를 염두에 둬.
- ☐ 우리는 이런 식으로 하지.
- ☐ 규정을 따르지 않는 것은 위험해.
- ☐ 이런 멍청이 같으니라고! 네가 어떤 짓을 하고 있다고 생각하니?
- ☐ 우리 그룹을 떠나서는 너 혼자 살아남을 수 없을 거야.
- ☐ 어떻게 말하고 일하는 것이 옳은지 알려면 네 주위를 둘러봐.
- ☐ 우리 모두는 소임을 다해야 해.
- ☐ 네가 그런 식으로 행동하면 영락없는 패배자야.
- ☐ 네가 누구인지, 그리고 어떤 것이 옳고 바른지 기억해.
- ☐ 네가 규정대로 처신하지 않으면 절대 옳다는 느낌이 들지 않을 거야.
- ☐ 네가 어떤 사람이 되어야 하는지는 네 가족(문화, 배경 등)에게서 배운 대로 하면 돼.
- ☐ 네 본분을 알아라.
- ☐ 네 자신이 부끄러운 줄 알아야지!
- ☐ 외부에서 힌트를 얻고, 네게 기대하는 바를 행하도록 해.
- ☐ 돌출 행동을 하거나 규범을 위반하지 않도록 조심해.
- ☐ 안전하게 행동해. 사람들에게 싫은 소리 듣고 싶지 않거든.
- ☐ 네가 기대대로 행동하지 않으면 사람들이 불편해해.
- ☐ 네가 너무 _____(자기주장만 하거나, 예민하거나, 웃기거나 등) 하면 사람들이 싫어해.

- ❏ 너는 _____(지적이거나, 운동신경이 뛰어나거나, 외향적이거나, 남자답거나 등) 면에서 충분치 않아.
- ❏ 너는 보다 더 _____ 하도록 해.
- ❏ 너는 절대로 그들처럼 하면 안 돼.
- ❏ 기타 _____

---

# 당신의 순응 촉구자를 활성화하는 상황

당신의 순응 촉구자가 항상 활성화되어 당신을 비판하고 있는 것은 아니다. 그것은 대부분의 부분처럼 특정한 사람이나 상황에 의해 활성화된다. 다음은 순응 촉구자를 활성화하는 상황이다.

- ❏ 가정에서의 관습적인 역할이나 기대를 이미 넘어설 정도로 성장한 상황에서
- ❏ 직장에서 엄청난 노력이 필요하거나 옥죄는 역할에 의식적으로 맞추어야 하는 상황에서
- ❏ 전문가적인 이미지를 유지하여야 하는 상황에서
- ❏ 당신에게 기대하는 모습(외향적인, 남성다운, 지적인, 웃기는)을 이미 다른 사람이 보여 주고 있다는 것을 당신이 자각하는 사교 상황에서

- ❑ 당신이 판단받게 되거나 맞추어야 하는 상황으로 들어갈 때
- ❑ 내면 프로그래밍이 당신과는 다른 사람과 함께 있을 때
- ❑ 아침에 출근하려고 옷 입을 때
- ❑ 친구와 동료를 평가하거나 파트너를 선택할 때
- ❑ 자녀를 양육/훈육할 때
- ❑ 당신이 어울리지 못하는 것처럼 보이고 싶지 않거나 어울리지 않으면 어떤 결과를 초래하는 상황에서
- ❑ 다른 사람이 당신의 행동을 편하게 받아들이는지를 당신이 염려하는 사교 상황에서
- ❑ 당신의 자연스러운 모습을 드러내야 할지, 남들이 당신에게 기대하는 모습을 드러내야 할지를 구분해야 하는 상황에서
- ❑ 한 문화에서 또 다른 문화로 이동할 때
- ❑ 당신이 절대로 부모처럼 하지 않겠다고 맹세한 것을 부지중에 하고 있을 때
- ❑ 기타 _____

_____

## 당신의 순응 촉구자의 동기

당신의 순응 촉구자 내면 비판자는 자기가 당신을 돕거나 보호하고 있다고 생각하기 때문에 지금 하고 있는 방식대로 당신을 대

하는 것이다. 다음은 순응 촉구자 부분이 흔히 가지는 동기다.

☐ 당신이 주변 상황에 확실히 맞추도록 하기 위해. 만약 당신이 규율을 따르지 않으면 추방되거나 비웃음을 살까 봐 두려워한다.

☐ 당신이 자신이나 자신과 가까운 사람을 당황케 하거나 동요시키지 않도록 하기 위해

☐ 당신이 수치를 당하거나, 거부당하거나, 비판받지 않도록 하기 위해

☐ 당신 자신을 소속된 집단에 계속 연계할 수 있도록 하기 위해

☐ 당신이 외부 비판에 용감히 맞서지 못한다는 수치심을 가지지 못하도록 하기 위해

☐ 당신이 거부당하지 않도록 당신의 본분을 기억할 수 있게 하기 위해

☐ 당신이 불편해하거나, 혼자 있거나, 소외된 느낌을 가지지 못하도록 하기 위해

☐ 당신이 상황에 맞추지 못한다는 불안감을 경험하지 못하도록 하기 위해

☐ 당신에게 중요한 사람에게서 의견이나 칭찬을 얻기 위해

☐ 당신이 흠모하는 사람과 확실히 어울리기 위해

☐ 기타_____

_____

# 당신의 순응 촉구자 내면 승리자

당신의 내면 비판자와 논쟁하거나 그것을 제거하려는 것은 도움이 되지 않는다는 제1장의 내용을 기억하라. 당신의 내면 승리자가 당신을 지지하도록 만드는 것이 효과적이다.

당신의 내면 승리자는 순응 촉구자의 가치가 당신 삶을 위한 유일한 가이드라인은 아니라는 것을 당신이 이해할 수 있도록 도와준다. 내면 승리자는 당신이 생활 양식과 존재 방식을 선택할 수 있도록 해 준다. 내면 승리자는 당신이 지금까지의 양육과 문화에 반하는 방식으로 삶을 살겠다고 선택했을지라도 당신은 선한 사람이라고 이야기해 준다. 내면 승리자는 당신이 당신 자신의 모습을 잃지 않고 마음 깊이 심어진 가치에 따라 살아가도록 당신을 지지한다. 내면 승리자는 어떤 것이 옳은가 하는 외부 개념과의 부합 여부에 전혀 상관없이 당신이 자신의 참된 본성을 실현하고 하나님의 부르심에 따라 살아가기를 원한다.

당신의 내면 승리자는 순응 촉구자의 한계를 정한다. 내면 승리자는 순응 촉구자에게 그가 가진 가치는 삶의 가이드라인 중 극히 일부에 불과하다고 이야기한다. 내면 승리자는 당신이 거부당하거나 추방당하지 않도록 하기 위해 당신이 선택한 생활 양식을 지지하는 친구들을 찾도록 도와준다. 그러고는 순응 촉구자에게 당신이 지금 삶에서 판단받거나 창피당하는 위험 가운데 있지 않다는 사실을 상기시켜 준다. 당신은 어렸을 적보다 훨씬 더 많은 내면의 강점과 외부 자원을 가지고 있다. 그래서 당신을 보호하는 순응 촉구자의 임무는 더 이상 필요치 않거나 도움이 되지 않는다.

때로는 당신의 내면 승리자에 대해 읽는 것 말고 내면으로 들어가 내면 승리자를 깨우는 것도 도움이 된다. 만약 지금 이렇게 하고 싶으면 제9장의 연습 문제로 가라.

## 순응 촉구자 내면 승리자의 표현

다음은 사람들이 순응 촉구자 내면 승리자에게서 흔히 듣고 싶어 하는 표현이다. 내면 승리자의 네 가지 측면으로 배열하였다.

1. 경계 설정: 당신의 내면 승리자는 당신이 내면 비판자를 제한할 수 있도록 돕는다.
2. 양육: 당신의 내면 승리자는 내면 비판자에 의해 상처받은 당신의 부분을 양육한다.
3. 안내: 당신의 내면 승리자는 내면 비판자의 왜곡이 있음에도 당신이 당신 자신과 당신의 선택을 분명히 바라보도록 안내와 관점을 제공한다.
4. 행동 계획: 당신의 내면 승리자는 내면 비판자의 의심과 방해

가 있음에도 당신이 성공적으로 나아갈 수 있도록 계획 수립
을 돕는다.


## 경계 설정 표현

☐ 내 존재를 파악할 수 있도록 시간적인 여유를 줘.
☐ 내가 너를 이해하고 내 자신의 독립된 존재를 찾을 수 있도
   록 떨어져 줘.
☐ 기타 _____
   _____


## 양육 표현

☐ 너는 네 자신만의 가치와 욕구를 발견하고 그것을 중심으로
   한 생활 양식을 발전시킬 수 있는 독특한 존재야.
☐ 너는 자신을 알고 네 존재에 대해 호기심을 가질 권리가 있어.
☐ 네 스스로를 점검하면 네게 중요한 것과 네가 필요한 것에
   대해 확실한 정보를 얻을 수 있어.
☐ 너는 네 개성을 양육하고 지지할 수 있어.
☐ 네 문화와 네 자신을 독특하게 통합시키는 것도 괜찮아.
☐ 기타 _____
   _____

## 안내 표현

☐ 네가 너만의 개성을 따라 살아갈 때 보다 더 마음의 평화를 느낄 거야.

☐ 네가 찾기만 하면 너의 많은 측면에서 지지를 얻을 수 있어.

☐ 네가 너의 틀을 깨고 나올 때 너의 창의력은 마음껏 발휘될 거야.

☐ 네 본연의 모습을 가지는 것이 부모의 가르침을 거스른다는 의미는 아니야.

☐ 기타 _____

_____


## 행동 계획 표현

☐ 결정을 내리기 전에 시간을 내어 어떤 것이 네게 정말로 옳은 것인지 깊이 생각해 보도록 해.

☐ "너는 ~ 해야 해."라는 이야기가 들리면 누가 그 이야기를 하고 있는지 체크해 봐. 그것이 정말로 지금의 너를 나타내는 것인지 보도록 해.

☐ 네 본연의 모습을 되찾도록 너를 지지하고, 너의 가치를 공유할 수 있는 사람을 찾도록 해.

☐ 기타

이것은 당신이 이미 내면에서 듣고 있는 표현일 수도 있고, 자주 듣기 시작하는 표현일 수도 있다. 혹은 지금까지는 없었을지라도 당신이 내면 승리자에게서 듣고 싶어 하는 표현일 수도 있다.

## 당신의 내면 멘토

당신의 내면 멘토는 내면 비판자—이 경우, 순응 촉구자—의 건강한 버전이다. 내면 멘토는 중독자와 어울리는 것 같은 당신의 유해한 생활 양식을 감지한다. 내면 멘토는 나이가 들어 가족에게서 떨어지는 것과 자기 파괴적인 행동 간의 차이를 분별할 수 있다. 또한 내면 멘토는 타당한 가치 선택과 완전무결하지 못함 간의 차이도 구분한다.

당신의 내면 멘토는 당신의 자신이나 다른 사람에게 유해한 행동 또는 태도를 바꿀 수 있도록 당신을 지원한다. 내면 멘토는 당신을 공격하거나 판단함으로써가 아니라 당신이 현재 하고 있는 바를 보다 더 분명히 볼 수 있게 도와주고, 당신에게 궁극적 유익이 되도록 행동하지 않는 부분에 대해 작업할 수 있도록 도와줌으로써 이를 성취한다.

만약 당신이 단순히 반항을 목적으로 관습에 저항하고자 하는 반항자 부분을 가지고 있다면 당신의 내면 멘토는 이것을 인식하고, 그 부분이 반항할 필요가 없도록 당신이 그 부분을 바꿀 수 있게 도와준다. 그리고 당신의 진정한 내면 가치를 발견하고, 그것을 표출할 수 있는 만족스러운 출구를 찾도록 도와준다.

당신은 이 장을 끝냈으므로 다음의 여러 선택 사항 중에서 선택하여 진행하도록 한다.

1. 제9장과 10장으로 가서 당신의 순응 촉구자 내면 승리자를 활성화하는 연습을 한다.
2. 순서대로 계속 읽는다.
3. 당신이 작업하고 싶은 또 하나의 내면 비판자를 설명하는 장을 선택한다.
4. IFS를 사용하여 내면 비판자의 심층 치유와 변화를 가져오기 위해 제11장과 부록으로 진행한다.

제 **8** 장

# 훼손자

훼손자(Underminer) 내면 비판자는 당신의 자신감과 자긍심을 훼방 놓고자 애쓴다. 훼손자는 당신이 위험하다고 생각하는 것을 무릅쓰거나 실패할지도 모르는 새로운 활동을 시도하지 않았으면 한다. 훼손자는 당신이 성공할 수 없다고 이야기한다. 그리고 당신이 시도하고 싶어 할 가능성이 있는 새로운 것 모두를 의심한다.

훼손자는 이렇게 말한다. "연극 배역 선발대회에 참여하지 마!" "그 모임에서 네 생각을 이야기하지 마!" "그 직장에 지원하지 마!"

어떤 훼손자는 당신이 크게 눈에 띄어 알려짐으로써 비판받게 될 가능성을 없애기 위해 당신이 작고 안전한 상태로 있도록 비방하고자 당신의 자기가치에 직접적으로 공격한다. 훼손자는 당신에게 무가치하다 혹은 모자란다고 이야기하고, 당신을 멍청한 놈 혹은 무능한 놈이라고 부른다. 이러한 공격은 당신이 기회를 보거나 안전에 문제가 있을 수 있는 일을 전혀 하지 못하도록 당신의 자신감을 훼손하는 데 목표를 두고 있다.

이 훼손자는 당신이 전문 영역에서 지나치게 영향력이 커지거나 인지도가 높아질 것을 두려워하며, 그로 인해 비난받거나 거부당할까 봐 두려워한다. 만약 당신이 힘, 지성, 공격 혹은 자긍심 같은 성품을 드러낼 경우, 훼손자는 당신이 추방당하게 될 것을 두려워한다.

훼손자는 아마도 당신이 성장하는 중에 당신의 가족이나 문화 속에서 일어났던 사건에서 이러한 생각을 가지게 되었을 것이다. 당신은 강하거나, 눈에 띄거나, 자신에 대해 뿌듯하게 느낀다는 이유로 실제로 거부당하거나 응징을 받았을 수 있다. 아니면 다른 사람들이 이러한 운명으로 고통당하는 모습을 보았을 수도 있다. 훼손자는 이런 일이 성인이 된 당신에게 일어나지 않도록 하고 싶어 한다. 훼손자는 자신이 두려워하는 외부 위험을 사전에 차단하기 위해 당신의 자긍심을 기꺼이 희생시키고자 하는 것이다.

훼손자는 당신 안에 충동적이며 위험을 무릅쓰고자 하는 부분이 있다고 믿을 수 있다. 훼손자는 당신이 스스로를 곤경에 빠뜨리는 '지나친 자만심'을 가지고 있다고 생각할 수 있다. 훼손자는 세상을 실제 모습보다 더 위험하다고 볼 수도 있다. 훼손자는 당신이 세상으로 발을 내딛을 때 경험할 수 있는 좌절, 거부, 어려움을 다루는 데 필요한 자원을 당신이 가지고 있다고 믿지 않는다. 훼손자는 당신이 여전히 당신의 원가족의 범위 안에 살고 있는 아이이며, 당신이 자랄 때 받았던 공격을 다시 받을 수 있다고 생각한다.

여러 유형의 훼손자가 각기 다른 취약한 시점에 당신을 공격한다. 어떤 훼손자는 당신이 조금이라도 위험한 것을 생각하고 그것을 행동으로 옮기지 못하게 하려고 당신을 끊임없이 판단한다. 또다른 훼손자는 당신이 나서거나 자신을 눈에 띄게 만드는 순간에 당신을 공격한다. 그리고 세 번째 훼손자는 당신이 위험을 무릅쓰거나 힘을 소유하고 난 뒤에 당신을 공격함으로써 다시는 그러지 못하도록 당신의 사기를 꺾으려고 애쓴다.

당신의 훼손자는 또한 내면의 위험을 두려워할 수도 있다. 이를 테면 당신이 바깥세상에서 위험을 무릅쓰는 경우, 파괴자와 같은 또 다른 내면 비판자에 의해 공격받게 될 것을 두려워할 수도 있다.


## 당신의 훼손자의 표현

다음은 훼손자 내면 비판자에게서 흔히 들을 수 있는 표현이다.

- ☐ 너는 그것을 할 수 없어!
- ☐ 너는 그것이 옳은 조치라고 확신하니?
- ☐ 너는 한참 모자라. 그러니 시도해 보지도 마.
- ☐ 어떻게 네가 감히 그것을 고려해 볼 수 있다는 생각을 했니?
- ☐ 너는 네 자신을 알기나 하니?
- ☐ 너는 노력해 봤자야.
- ☐ 네 자신뿐만 아니라 어느 누구라도 신뢰하지 마.

- [ ] 아무도 너의 지금 모습 그대로를 진심으로 좋아하지 않을 거야.
- [ ] 너는 흠이 많으니 그걸 숨겨야 해.
- [ ] 너는 어울리지 못하잖아. 너는 패배자야.
- [ ] 네가 그런 시도를 하는 건 자신을 진짜 바보로 만드는 거야.
- [ ] 네 기대를 낮춰. 시도할 필요도 없어.
- [ ] 너는 _____(바보야, 모자라, 용납할 수 없어 등).
- [ ] 네가 기여한다 해도 받아들여지지 않을 테니 시도조차 하지 마.
- [ ] 세상은 안전하고 수용적인 곳이 아니야. 항상 경계하고 있어야 해.
- [ ] 네가 그런 시도를 하거나 그런 식으로 네 자신을 드러낸다면 너는 비웃음과 놀림을 당할 거야.
- [ ] 사람들이 진짜 네 존재를 안다면 너와 함께 일하거나 사귀려 하지 않을 거야.
- [ ] 너는 그 집단과 어울리기 위해 필요한 것을 가지고 있지 않아. 그들은 네 속을 꿰뚫어 볼 거야.
- [ ] 기타 _____

_____

# 당신의 훼손자를 활성화하는 상황

당신의 훼손자가 항상 활성화되어 당신을 비판하고 있는 것은 아니다. 그것은 대부분의 부분처럼 특정한 사람이나 상황에 의해 활성화된다. 다음은 훼손자를 활성화하는 상황이다.

- ❐ 직장이나 학교에서 당신이 자신의 강점을 드러내거나 새로운 길로 나아가는 것을 고려할 때
- ❐ 팀으로 일하면서 다른 사람이 도와주는 것을 신뢰해야 할 때
- ❐ 시합이 있는 경기장에서
- ❐ 당신을 돕거나 지원해 줄 수 있는 다른 사람에게로 나아갈 때
- ❐ 본능에 따라 선택해야 하는 상황에서 결정을 저울질할 때
- ❐ 새로운 것을 시도해 보려는 생각을 하고 있을 때
- ❐ 새로운 방식으로 전력을 다해 보고자 할 때
- ❐ 리더십 역할을 취할 때, 즉 당신 자신을 눈에 띄거나 힘 있는 존재로 만들 때
- ❐ 성공이나 실패의 가능성을 가지고 있는 모든 활동에서
- ❐ 당신이 판단이나 평가를 받게 될 상황에서
- ❐ 새롭게 노력해 보고자 할 때
- ❐ 기타 _____

# 당신의 훼손자의 동기

당신의 훼손자 내면 비판자는 자기가 당신을 돕거나 보호하고 있다고 생각하기 때문에 지금 하고 있는 방식대로 당신을 대하는 것이다. 다음은 훼손자 부분이 흔히 가지는 동기다.

☐ 당신이 행동하지 못하게 막아 어릴 적의 수치심이나 판단을 재경험하지 못하도록 하기 위해

☐ 어떤 일에 실패함으로써 당신의 파괴자가 활성화되는 것을 막기 위해

☐ 커다란 존재가 당신과 가까운 누군가를 위협할 가능성이 있는 상황에서 당신을 작고 안전하게 유지하기 위해

☐ 위험을 무릅썼다가 실망하지 않도록 당신의 자신감을 약화하기 위해

☐ 시도했다가 실패하지 않도록 당신의 새로운 1단계 계획을 약화하기 위해

☐ 다른 사람에 의해 창피당하거나 거부당하지 않도록 하기 위해

☐ 당신의 용기와 창의력을 약화함으로써 당신이 익숙하지 않은 활동에 전력을 다하고서도 실패로 끝나는 일이 없도록 하기 위해

☐ 가족이 수용하지 않는 긍정적 품성을 드러내지 않도록 당신
의 자신감을 약화하기 위해

☐ 기타 _____

_____

# 당신의 훼손자 내면 승리자

당신의 내면 비판자와 논쟁하거나 그것을 제거하려는 것은 도
움이 되지 않는다는 제1장의 내용을 기억하라. 당신의 내면 승리
자가 당신을 지지하도록 만드는 것이 효과적이다.

당신의 내면 승리자는 훼손자가 하는 이야기 중에 진정한 위험
이 있을 때와 그렇지 않을 때를 분별할 수 있다. 내면 승리자는 당
신이 어렸을 적에 비해 내적으로나 외적으로 많은 가용 자원을 가
지고 있다는 것을 알고 있다. 내면 승리자는 당신이 내적 힘과 탄
력성을 가지고 있으며, 당신을 돕고 지지할 사람도 있다는 사실을
알고 있다. 그러므로 내면 승리자는 당신에게 위험을 무릅쓰거나
강해짐으로써 생기는 대부분의 어려움을 다룰 수 있는 능력이 있
다고 인식한다.

당신의 내면 승리자는 당신이 위험하지 않은 상황은 언제인지,
그리고 당신이 크게 눈에 띄는 존재라는 이유로 공격받을 가능성
이 적은 곳은 어디인지 파악할 수 있다. 그러므로 내면 승리자는

당신이 대담하게 나선다면 성공할 수 있다는 사실을 알고 있다. 내면 승리자는 당신이 힘 있고 혁신적이며 세상에 발자취를 남길 수 있는 존재라는 비전을 품고 있다.

당신의 내면 승리자는 훼손자의 한계를 정할 수 있다. 내면 승리자는 내면 비판자에게 당신의 자신감을 약화하는 것이 도움이 되지 않는다는 사실을 깨우쳐 준다. 많은 경우 내면 승리자는 훼손자에게 실제로 아무런 위험이 없다고 이야기한다. 어떤 경우에는 내면 승리자가 당신이 마주칠 가능성이 있는 어떤 위험도 당신이 충분히 다룰 수 있도록 도와주겠다고 제안하기도 한다.

때로는 당신의 내면 승리자에 대해 읽는 것 말고 내면으로 들어가 내면 승리자를 깨우는 것도 도움이 된다. 만약 지금 이렇게 하고 싶으면 제9장의 연습 문제로 가라.


## 훼손자 내면 승리자의 표현

다음은 사람들이 훼손자 내면 승리자에게서 흔히 듣고 싶어 하는 표현이다. 내면 승리자의 네 가지 측면으로 배열하였다.

1. 경계 설정: 당신의 내면 승리자는 당신이 내면 비판자를 제한할 수 있도록 돕는다.
2. 양육: 당신의 내면 승리자는 내면 비판자에 의해 상처받은 당

신의 부분을 양육한다.

3. 안내: 당신의 내면 승리자는 내면 비판자의 왜곡이 있음에도 당신이 당신 자신과 당신의 선택을 분명히 바라보도록 안내와 관점을 제공한다.

4. 행동 계획: 당신의 내면 승리자는 내면 비판자의 의심과 방해가 있음에도 당신이 성공적으로 나아갈 수 있도록 계획 수립을 돕는다.

**경계 설정 표현**

❏ 내 모습대로 내버려 둬. 나는 내가 스스로 내 길을 찾을 수 있다고 믿어.

❏ 내가 크게 성장하는 것을 네가 훼방하면 가만두지 않을 거야.

❏ 너는 나를 보호할 필요가 없어―나는 내 자신을 돌볼 수 있어.

❏ 기타_____

_____

**양육 표현**

❏ 너는 세상에서 너의 길을 헤쳐 나가는 데 필요한 자원을 가지고 있어.

- ☐ 네게는 네가 의지할 만한 타고난 역량이 있어.
- ☐ 너는 수치스러워할 만한 것이 하나도 없어.
- ☐ 너는 네 자신을 자랑스러워해도 돼.
- ☐ 네가 마음먹은 것은 무엇이든 도전할 수 있어.
- ☐ 너는 차근차근할 수도 있고, 크게 도약할 수도 있어—네가 옳다고 생각하는 대로 해 봐.
- ☐ 계속해서 지지해 줄 테니 너는 기회를 보고 전력을 다하도록 해.
- ☐ 너는 얼마든지 큰 인물이 될 수 있어.
- ☐ 너는 네 독특한 재능을 계발할 수 있어.
- ☐ 기타 _____

---

**안내 표현**

- ☐ 네 길을 찾도록 안내해 줄 수 있는 도움과 지지가 있으니 너는 본능을 신뢰하기만 하면 돼.
- ☐ 필요하다면 도움이나 멘토링을 요청하도록 해.
- ☐ 크고 힘 있는 존재가 되어도 괜찮아. 너는 네 자신을 두려워할 필요가 없어.
- ☐ 네가 여유만 가진다면 어떤 위험을 무릅쓰는 것이 가치 있는지 결정할 수 있을 거야.

☐ 기타 _____

_____

## 행동 계획 표현

☐ 차근차근해. 자신을 믿고 네게 옳은 것이 어떤 것인지 찾아
   내 봐.
☐ 네가 할 수 있는 것이 무엇인지를 알아낼 수 있는 유일한 방
   법은 시도해 보는 거야.
☐ 네가 아는 것과 알지 못하는 것을 파악하고, 네가 필요로 하
   는 부분에서 도움을 구하도록 해.
☐ 좋은 신조는 이거야. "꿈을 꾸라, 계획하라, 실행하라!"
☐ 필요하면 경로를 수정할 수 있어. 중요한 것은 일단 시작하
   는 거야.
☐ 기타 _____

_____

이것은 당신이 이미 내면에서 듣고 있는 표현일 수도 있고, 자
주 듣기 시작하는 표현일 수도 있다. 혹은 지금까지는 없었을지라
도 당신이 내면 승리자에게서 듣고 싶어 하는 표현일 수도 있다.

# 당신의 내면 멘토

당신의 내면 멘토는 내면 비판자—이 경우, 훼손자—의 건강한 버전이다. 만약 당신이 눈에 띔으로 말미암아 현실적으로 위험할 수도 있는 상황 가운데 있다면 당신의 멘토는 이성적인 입장에서 충고하며 그대로 진행할지 혹은 어떻게 이 상황을 다룰지 결정할 수 있도록 도와준다. 내면 멘토는 당신을 약화하는 것이 아니라 당신이 성급한 선택을 피할 수 있도록 도와준다.

만약 당신이 당신의 기술이나 개인적인 품성의 한계 때문에 성공이 불투명한 무언가를 한번 시도해 볼까 고려하고 있다면 내면 멘토는 당신이 선입견 없이 진실을 결정하도록 도와준다. 내면 멘토는 당신을 깎아내리지 않으면서 당신이 당신의 강점과 한계, 두 가지 모두에 대해 현실적인 관점을 가질 수 있도록 그리고 당신이 성공으로 나아가는 길을 택할 수 있도록 도와줄 것이다.

당신은 이 장을 끝냈으므로 다음의 여러 선택 사항 중에서 선택하여 진행하도록 한다.

1. 제9장과 10장으로 가서 당신의 훼손자 내면 승리자를 활성화하는 연습을 한다.
2. 순서대로 계속 읽는다.
3. 당신이 작업하고 싶은 또 하나의 내면 비판자를 설명하는 장

을 선택한다.

4. IFS를 사용하여 내면 비판자의 심층 치유와 변화를 가져오기 위해 제11장과 부록으로 진행한다.

제**9**장

# 당신의 내면 승리자를
# 깨우기

당신의 내면 승리자(Inner Champion)는 당신의 진정한 모습인 참자아의 자연스러운 부분이다. 지금까지 기술한 바와 같이 당신이 당신 안에 있는 그 장소, 즉 참자아에 초점을 맞추기만 하면 당신은 내면 승리자와 쉽게 접촉할 수 있다. 그러나 내면 승리자는 당신에게 본을 보여 주었던 사람, 당신을 정말로 알아보고 당신 이야기를 들어 준 사람, 당신을 인정하고 믿어 주었던 사람과의 삶 가운데 있었던 과거 경험의 기반 위에 세워질 수도 있다.

　당신은 당신이 흠모하였던 온전한 삶을 산 사람에게서 내면 승리자의 지혜를 끌어낼 수 있다. 당신은 다른 사람에게 친절하고 지지적이었던 사람, 자신뿐만 아니라 사랑했던 사람을 위해 원대한 비전을 가졌던 사람을 떠올려 보라. 지금까지 당신의 내면 승리자는 누구였는가?

　당신이 느끼고 기억할 수 있도록 각 문장마다 충분한 간격을 두고 천천히 다음 연습 1의 내용을 읽으라. 충분한 시간을 가지라. 혹은 당신이 경험하는 것에만 초점을 맞출 수 있도록 녹음기에 녹음을 해 놓거나 친구에게 읽어 달라고 하라. 더 좋은 효과를 얻으려면 연습 2에 있는 명상 훈련 내용을 녹음한 뒤 재생하여 듣고 따라 하도록 하라. 그리고 어떤 느낌이었는지 적으라.

## 연습 1: 당신의 내면 승리자를 일깨워 주는 인물 찾기[1]

우리는 당신의 내면 승리자를 일깨워 주는 인물을 찾으려 합니다. 종이와 연필을 준비하고, 조용한 장소를 찾아 앉은 후 긴장을 푸십시오. 눈을 감으십시오. 영감을 불러일으키는 음악을 틀어 놓아도 좋습니다. 복식 호흡과 함께 당신의 발이 바닥에 닿도록 하고, 등은 의자에 대며, 어깨는 긴장을 풀고, 아래턱은 약간 늘어뜨려 열린 상태로 자신을 안정시키십시오.

잠깐 시간을 내어 당신의 호흡을 자각하십시오. 호흡이 빠릅니까? 느립니까? 얕습니까? 깊습니까? 흉식 호흡을 하고 있습니까? 복식 호흡을 하고 있습니까? 이제 심호흡을 하면서 좀 더 충분히 긴장을 풀도록 하십시오. 시간을 가지고 안정을 찾으십시오. 긴장을 푸는 장소인 심연의 중심을 찾으십시오. 우리는 과거로 여행하

---

1  http://www.personal-growth-programs.com/store/meditations/inner-critic-champion-meditations, Sources of Your Inner Champion(오디오 파일)의 내용을 번역한 것이다.

며 당신의 내면 승리자를 일깨워 주는 인물을 찾으러 떠납니다. 이미지, 감각, 냄새, 감정 같은 순간의 기억이 자연스럽게 떠오르도록 하십시오.

우리는 성찰과 지지의 원천을 찾으러 갑니다. 현재에서 시작하십시오. 당신 삶의 주위를 둘러보십시오. 당신을 진정으로 이해하고 지지하는 사람이 누구입니까? 당신을 알아보고 인정하였던 사람에 주목하면서 이제 거슬러 올라갑니다. 당신의 손재주나 재능을 알아보고 인정해 준 사람, 당신의 귀한 가치를 알아본 사람, 당신의 고통을 인정해 주었던 사람, 당신의 영광을 축하해 주었던 사람을 떠올리십시오.

이 사람은 친구, 동료, 선생님, 동기 혹은 상담사나 코치일 수 있습니다. 더 어렸을 때로 거슬러 올라가십시오. 당신이 어렸을 때 당신의 있는 모습 그대로를 알아본 사람이 있었습니까? 그것은 선생님, 코치, 가족 중 한 사람, 친구의 부모이거나 귀하게 여겼던 애완동물일 수도 있습니다.

한동안 시간을 가지고 당신 삶을 찬찬히 살펴보십시오. 그리고 당신이 누군가의 친절이나 인정에 감동했던 순간을 조명하십시오. 친절한 한마디의 말, 알아보는 눈길, 아마도 당신은 누군가가 또 다른 누군가에게 친절히 대하는 것을 보았을 것입니다. 친구의 부모, TV에 나온 누군가도 불러들여 당신의 내면 승리자를 돕게 할 수 있습니다.

이제 당신의 내면 승리자가 닮았으면 좋겠다고 생각되는 사람을 머릿속에 그리십시오. 살아온 삶의 방식(용기, 결단력, 다른 사람을 향한 친절)이 흠모할 만한 사람을 떠올리십시오. 그들은 실제 사람일 수도 있고 신화적인 인물일 수도 있습니다. 예술, 영화, 연극 혹은 문학작품에 나오는 사람일 수도 있습니다.

다음과 같은 사람을 떠올리십시오—간디, 테레사 수녀, 넬슨 만델라, 오프라 윈프리, 마야 안젤루, 달라이 라마, 안젤리나 졸리, 파키스탄의 십 대 운동가 말랄라 유사프자이, 바츨라프 하벨, 존 레논, 애티커스 핀치, 레오나르도 다빈치. 당신의 히어로는 누구입니까? 당신의 내면 승리자가 닮고 싶은 사랑, 지지, 비전, 안내의 품성을 가진 사람은 누구입니까? 시간을 가지고 그 사람을 적으십시오. 당신을 지지하거나 영감을 불어넣는 그 사람의 품성에 대해 이야기해 보십시오. 이 모든 품성의 목록을 만드십시오. 그것은 그들의 용기입니까? 긍휼입니까? 명료한 사고입니까? 넓은 아량입니까? 아니면 친절입니까?

잠시 앉아 있으십시오. 이제 그러한 품성이 당신의 가슴을 적시는 순간을 잠시 머릿속에 그리십시오. 이러한 품성이 주입되는 것이 당신 몸에서 어떻게 느껴집니까? 그리고 종료되었으면 심호흡을 하고 손가락과 발가락을 움직이면서 부드럽게 방 안의 현실로 돌아오십시오.

# 연습 2: 당신의 내면 승리자와 만나기[2]

당신은 다음과 같은 명상을 통해 당신의 내면 승리자를 만나는 여행을 떠날 수 있습니다.

등을 곧게 펴고, 호흡이 자유롭게 이루어질 수 있도록 긴장을 풀 수 있는 안전하고 편안한 장소를 찾으십시오.

심호흡을 하며 긴장을 푸십시오. 당신의 몸은 긴장을 푸는 법을 기억하고 있습니다. 입을 약간 벌리고 어깨의 힘을 빼십시오. 목 위에 머리가 부드럽게 얹혀 있도록 하십시오. 숨을 내쉬고 당신의 팔과 다리가 손가락과 발가락을 통해 뻗어 나갈 때 팔다리가 더 무거워지는 느낌이 드는지 보십시오. 따뜻한 숨으로 아랫배를 채워 부드러워지게 하십시오. 심장으로 숨을 들이쉬고, 심장을 통해 내쉬십시오. 공기가 들어가면서 심장이 팽창되도록 하고, 숨을 내쉬면서 햇살이 심장에서 흘러나오도록 하십시오.

당신이 지금까지 작업하고 있는 내면 비판자의 이미지를 가져오십시오. 지금 그것이 어떤 모습인지 보십시오. 그것이 어떻게 바뀌었습니까? 내면 비판자가 당신이 그를 알아 갈 수 있도록 기꺼이 허락한 것에 대해 감사를 표하고자 하는 느낌을 가질 수도

---

[2] http://www.personal-growth-programs.com/store/meditations/inner-critic-champion-meditations, Meeting Your Inner Champion(오디오 파일)의 내용을 번역한 것이다.

있습니다. 열린 마음으로 당신의 내면 비판자에게 긍휼의 숨결을 보내십시오. 오늘 우리는 당신의 내면 승리자를 만날 것입니다. 이 내면 승리자는 당신이 내면 비판자와 작업할 수 있도록 도와줄 것입니다. 그것은 마치 내면 치어리더나 이상적인 어머니와 같습니다. 당신은 이제 그 내면 승리자의 모습에 대한 이미지를 가지게 될 것입니다. 그들을 만나러 여행을 떠날 준비를 하는 느낌을 가지십시오. 이러한 열린 마음으로 당신은 숲 속을 산책할 것입니다.

당신이 걷고 있는 숲이 어떤 모습인지 자각하십시오. 햇빛에 아른거리는 나뭇잎이 있습니까? 이 숲의 냄새가 당신을 취하게 만들고 있습니까? 발밑에서는 어떤 소리가 들립니까? 한동안 걸은 후에 오른쪽으로 난 길이 손짓합니다. 그 길을 보면 당신 몸에서 어떤 감각이 느껴집니까? 이 길을 따라 걸어 내려가니 숲은 사라지고 광활한 전경이 눈앞에 펼쳐집니다.

발걸음을 계속 옮기니 저 멀리 성이 나타납니다. 이 성의 어떤 모습이 당신의 관심을 끕니까? 망루입니까? 반짝반짝 빛나는 돌입니까? 탑 위에서 휘날리는 깃발입니까? 성으로 다가가자 바깥문 앞에 몇 명의 사람이 눈에 띕니다. 그들이 환영하는 얼굴로 다가와 인사합니다. "어서 오십시오. 지금까지 기다리고 있었습니다." 당신은 그들을 따라 성으로 들어갑니다. 성안은 어떤 모습입니까? 온갖 색실로 짠 태피스트리가 덮인 돌벽입니까? 대리석 바닥입니까? 향기 나는 목재로 만든 커다란 가구가 있습니까?

당신은 제일 높은 곳에 위치한 커다란 옥좌가 있는 크고 넓은 방으로 안내받습니다. 당신의 내면 승리자가 당신에게 가까이 오라고 합니다. 다가가자 당신의 내면 승리자가 당신에게 자신을 소개합니다. 당신의 내면 승리자는 어떤 모습입니까? 그들은 어떤 것을 입고 있습니까? 그들과 함께 있으니 어떤 느낌이 듭니까? 당신의 내면 승리자가 항상 곁에서 당신을 지지하겠다고 이야기합니다. 내면 승리자는 당신을 매우 존경하며 항상 최상의 상태에 있는 당신의 모습을 마음속에 그리겠다고 합니다. 또한 당신을 격려하고 당신을 양육하며 당신의 삶에 대해 가능한 한 가장 넓은 관점을 제공하겠다고 약속합니다. 당신이 절을 하니 내면 승리자는 축복으로 답합니다. 내면 승리자가 당신에게 선물을 건넵니다. 어떤 것이 건네졌을까요? 내면 승리자가 당신이 가야 할 길에 대해 마음속에 떠올랐던 어떤 질문이라도 하라고 이야기합니다. 이 같은 질문이 떠오르면 질문을 하고 대답을 기다리십시오. 대답은 말로 올 수도 있고, 감각이나 직관으로 올 수도 있습니다.

　　당신은 감사의 인사를 드립니다. 작별 인사를 고하고 당신의 방으로 안내받습니다. 방은 어떤 모습입니까? 침구에는 어떤 천이 덮여 있습니까? 벽에는 무엇이 걸려 있습니까? 창문이나 테라스로 어떤 경치가 보입니까? 제단이 눈에 띕니다. 제단은 어떤 것으로 만들어졌습니까? 당신은 그 제단 위에 당신의 선물을 내려놓고 촛불을 켠 후 앉습니다.

　　이 경험을 소화하는 데 필요한 만큼 충분한 시간을 가지도록

하십시오. 그리고 당신에게 주어진 것을 가슴 깊이 받아들이십
시오.

# 제 10장

# 당신의 내면 승리자를
# 활성화하기

이 장에서는 당신 삶에서 당신의 내면 비판자가 당신을 공격할 때 당신을 지지할 수 있는 당신의 내면 승리자를 활성화하는 훈련을 하게 된다.

　당신의 내면 비판자 중 하나가 활성화되어 당신을 공격하는 상황을 상정해 보라. 예를 들어, 새로운 사람을 만나게 되는 경우나 직장에서 새로운 프로젝트를 시작하려고 하는 경우가 있다. 이 상황에서는 일곱 유형의 내면 비판자 중 어떤 유형이 활성화되는가?

　이 연습을 위해서는 한 번에 한 가지 상황과 하나의 내면 비판자(좀 더 적극적이라면 많아야 둘)와 작업을 하는 것이 가장 좋다. 어떤 내면 비판자로 시작할 것인지를 결정하라. 만약 여러 가지 강한 내면 비판자를 가지고 있다면 그리 강하지 않거나 파괴적이지 않은 것으로 시작하는 것이 좋다. 그리고 이것으로 어느 정도 자신감이 붙으면 보다 더 힘든 내면 비판자도 태클할 수 있을 것이다.

　일단 당신이 초점을 맞출 내면 비판자를 택하였다면 그 비판자가 당신을 공격하는 실제 상황을 상정하라. 만약 당신이 이 비판자가 언제 활성화되는지 확실히 알지 못하거나 거의 항상 활성화되어 있는 것 같아 보이면 실제 상황을 무시하고 내면 비판자가 당신을 판단하고 있는 것으로 느낄 때마다 그것을 감지하는 작업을 하라.

다음 두 주 동안에 실제 일어날 가능성이 있는 상황을 생각해 보라. 예를 들어, 금요일 저녁 파티에 가게 되는 경우다.

이와 같은 상황에서 당신의 내면 비판자가 활성화되는지 감지할 수 있도록 주의를 기울이라. 혹은 내면 비판자가 활성화될 때마다 감지하도록 애쓰라. 어떤 느낌, 생각 혹은 행동이 내면 비판자가 활성화되어 있다는 신호를 보내는가? 예를 들어, '아무도 내게 관심을 가져 주는 것 같지 않아.'라는 생각이 들거나 혹은 당신이 슬쩍 구석으로 물러나거나 염려하는 느낌이 드는 것이다.


## 짝과 함께 작업하기

만약 자신을 목격하고 치어리더가 되어 줄 '짝'이 있다면 종종 이러한 연습이 보다 더 성공적일 수 있다. 훌륭한 경청자이면서 당신이 무엇을 하고 있는지 이해하고 지지를 보내 줄 수 있는 친구를 찾아보기를 권한다.

당신은 훈련 계획을 세운 후에 짝에게 연락하여 실제 상황에서는 당신의 내면 승리자의 지지로 인해 어떻게 달리 느끼거나 행동하고 싶어 하게 되었는지 자세히 이야기해 주라.

당신이 훈련 진도와 관련하여 짝에게 언제 방문할 것인지 빈도를 정하라. 보고를 주말에 한 번만 할 수도 있다. 그러나 한층 더 효과적인 지지를 위해서는 이틀이나 사흘마다 혹은 매일 짝에게 들러 어떻게 되어 가고 있는지 알려 주는 것도 고려해 보라. 방문하여 보고하는 행위는 훈련이 제대로 진행될 수 있도록 도와준다. 훈련 사항을 누군가에게 이야기해 주어야 하는 경우에는 당신이 훈련 내용과 실제 일어났던 사건을 기록하게 될 가능성이 훨씬 높아진다.

당신의 짝 외에 당신의 훈련을 지지하기 위한 온라인 동호회 토론방이나 전화 모임도 사용하도록 하라. 이러한 개인적인 나눔과 그룹 지지의 기회는 당신이 훈련을 끝까지 마치고 삶에서 원하는 변화를 가져올 수 있도록 도와준다.

## 실제 상황이 발생할 때

어떤 상황은 그것이 언제 일어날지 당신이 미리 알 수 있다. 예를 들어, 당신은 종종 자신에 대해 언짢은 기분이 드는 직장 회의가 언제 있을 것이라는 사실을 알 수 있다. 이러한 경우에는 그 상황이 일어나기 바로 전에 시간을 가지고 당신의 프로파일을 참고하여 당신이 어떻게 당신의 내면 승리자를 활성화하고 싶은지 살펴보라. 상황이 일어나기 직전에 시간이 충분치 않다면 좀 더 일찍 시간을 내어 준비하라.

어떤 상황에서는 상황이 전개되는 동안 당신이 이 작업을 진행할 수 있게 해 준다. 예를 들어, 만약 당신이 거부 편지를 받았다면 바로 그때 시간을 내어 당신의 프로파일을 살펴보고 당신의 내면 승리자를 활성화하라.

만약 도움이 된다면 앞의 연습에서 당신의 내면 승리자의 이미지를 끌어내라. 이 책 앞부분에서 만든 프로파일을 참고하여 당신의 내면 승리자의 이미지를 그린 다음 그것을 프린트하여 가까이에, 예를 들어 책상, 게시판 혹은 자동차 차양판 위에 보관하면 도움이 된다.

이제 이 프로파일의 네 가지 측면 모두의 내면 승리자 표현을 새겨보라. 그 표현을 당신에게 이야기해 주는 인물을 머릿속에 그리라.

그러한 후 시간 나는 대로 다음에 있는 당신의 훈련 노트에 어떤 일이 일어났는지 적으라. 만약 시간이 없다면 매일 저녁에 방문 노트를 기록하라.

만약 새로운 표현이 생각나면 나중에 그것을 사용할 수 있도록 그 비판자에 대한 프로파일에 그 표현을 추가하라.

# 훈련 노트

훈련 시 당신이 어떻게 했었는지에 기초하여 답을 적으라. (모든 질문에 답할 필요는 없다.)

실제 상황

_____

_____

_____

어떤 것이 그 비판자를 활성화하였는가?

_____

_____

_____

당신이 사용한 당신의 내면 승리자 표현

_____

_____

_____

당신의 내면 승리자가 얼마나 활성화되었는가?

_____

_____

_____


당신의 내면 승리자는 당신이 얼마나 달리 느끼거나 행동하도록 도왔는가?

_____

_____

_____


사건에 대해 추가할 만한 개인적인 노트

_____

_____

_____


다음번에 당신의 내면 비판자가 활성화될 때는 달리하고 싶은 것이 있는가?

_____

_____

_____

# 매일 방문

이 훈련을 기억하고 실행하기 위해서는 당신 짝을 방문하는 것 말고도 하루에 한 번 당신 자신을 방문하는 것이 도움이 된다. 기억하기 쉽고, 몇 분 정도 시간을 낼 수 있는 때를 택하여 매일 방문하라. 많은 사람은 매일 밤 잠자리에 들기 직전이나 매일 아침 잠자리에서 일어날 때를 좋아한다. 그러나 어떤 경우든 하루 중 당신이 가장 편하고 일정한 시간을 택하라.

만약 실제 상황이 일주일에 한 번이나 한 달에 몇 번 정도밖에 일어나지 않는다면 매일 방문 노트를 기록할 필요는 없다. 성찰하여 그 날 사건이 있었는지 보고, 일어난 경우에만 적으라. 사건이 없는 날에는 아무것도 적을 필요가 없다.

그 날 당신이 자각한 것에 대해 적으라. 만약 실제 상황이 일어났으면 사건을 적으라.

오늘 내면 비판자가 활성화되었는지의 여부, 당신이 감지하고 훈련을 했는지의 여부와 어떤 일이 일어났는지에 대해 성찰하라.

오늘 실제 상황이 일어났었는가? _____

그렇다면 상황이 일어났을 때 주의를 기울이고 있었는가?

_____

오늘 당신의 내면 비판자는 활성화되었는가(그 상황에서 혹은 다른 데서)?

_____

그렇다면 당신의 내면 비판자가 활성화되었을 때를 감지하였는가?

_____

그렇지 못하였다면 무엇 때문에 감지하지 못하였는가?

_____

_____

_____

당신이 보다 더 자각할 수 있도록 하기 위해서 내일은 어떻게 하면 좋겠는가?

_____

_____

_____

당신의 내면 비판자가 활성화되어 있는 것을 감지하였을 때 당신은 당신의 내면 승리자를 활성화하기 위한 훈련을 하였는가?

_____

감지하지 못하였다면 무엇 때문에 그렇게 하지 못하였는가?

---

---

---

당신이 당신의 내면 승리자를 기억하고 활성화하기 위해서 다음번에는 어떻게 하면 좋겠는가?

---

---

---

만약 당신이 훈련을 하였으나 그 당시에 사건을 기록하지 않았다면 지금 훈련 노트에 그 내용을 기록하라. 만약 당신이 훈련을 한 번 이상 하였다면 이 책에 있는 페이지를 복사하여 각 사례에 대해 별도로 기록하라.

내일이나 다음번에 당신의 내면 비판자가 활성화될 때는 달리하고 싶은 것이 있는가?

---

---

---

# 매주 방문

일주일 후, 당신의 훈련이 어떻게 진행되고 있는지 여기에 기술하라.

날짜와 요일 _____

이번 주에 몇 번이나 훈련을 하였는가?

_____

그것은 당신에게 충분한 도움이 되었는가?

_____

당신이 충분히 훈련하였다면 그것이 어느 정도의 변화를 가져왔는가?

_____

_____

그 훈련을 함으로써 어떤 효과가 있었는가?

_____

_____

그 훈련을 함으로써 어떤 것은 효과가 없었는가?

_____

_____

_____

다음 주에 그 훈련을 다시 하고 싶은가?

_____

다음 주에는 달리하고 싶은 것이 있는가?

_____

_____

_____

　당신의 내면 비판자가 너무 강해서 당신의 내면 승리자를 활성화하기 어렵다면 당신은 아마도 추가적인 지원이 필요할 것이다. 이 책의 부록에 실려 있는 『참자아가 이끄는 소인격체 클리닉(Self-Therapy)』을 기반으로 한 '내면 비판자의 소인격체 클리닉 14단계 따라 하기'를 읽어 보거나 IFS 치료를 받아 보기를 권한다.

제 **11** 장
# 결 론

# 당신의 내면 비판자의 변화

우리는 내담자 심리치료를 할 때 심리학자 리처드 슈워츠(Richard Schwartz) 박사가 개발한 매우 강력한 첨단적 접근법인 IFS(소인격체 클리닉)를 사용한다. 우리는 IFS를 10여 년 전에 발견한 이후로 우리 내담자의 삶에서 놀라운 결과를 목격해 오고 있다.

IFS는 당신으로 하여금 당신 정신세계의 각 부분(소인격체)을 이해할 수 있게 해 준다. 그것을 당신 안에 있는 작은 사람이라고 생각하라. 각 사람은 자신만의 관점, 감정, 기억, 목표 및 동기를 가지고 있다. 그리고 때로는 그들이 서로 반목한다. 예를 들어, 당신의 한 부분은 체중을 줄이고자 애쓰고 있는데 다른 부분은 당신이 원하는 것은 무엇이든 먹고 싶어 할 수 있다. 우리 모두는 뒤로 미루는 자, 사랑하는 자, 외로운 아이, 반항아, 돌보는 자 등과 같이 서로 다른 많은 부분을 가지고 있다.

내면 비판자는 IFS에서 보호자라 불리는 부분이다. 비록 보호하고자 하는 보호자의 시도가 역효과를 초래하여 우리에게 더 많은 고통을 야기하기도 하지만, 보호자는 우리를 고통에서 보호하기 위해 최선을 다하고 있는 부분이다. 내면 비판자는 이 점에서 여타의 보호자와 다르지 않다. 이상하게 들릴 수 있겠지만 모든 내면 비판자 부분은 실제로 당신을 보호하고 도우려 애쓰고 있다— 비록 결국에는 그들의 노력이 당신에게 상처를 주는 것으로 끝날지라도.

예를 들어, 아담(Adam)의 내면 비판자는 가혹하게 이렇게 말하였다. "너는 게으름뱅이야. 너는 열심히 일하지 않아. 그래서 너는 영원히 패배자가 될 거야." 아담은 이 내면 비판자를 알게 되자 그 비판자가 (아버지가 자기를 판단하고 거부하지 못하도록) 자신으로 하여금 열심히 일하고 성공하도록 하기 위하여 이런 말을 하고 있다는 것을 발견하였다. 아담의 내면 비판자는 과거에 갇혀 있었다. 내면 비판자는 아담의 아버지가 세상을 떠났고, 자신의 판단이— 아담을 비판하지 않았을 경우에 일어났을 법한 어떤 좋지 않은 일보다 훨씬 좋지 않게—아담에게 상처를 주고 있다는 사실을 깨닫지 못한 것이다.

당신이 내면 비판자에 대한 이러한 사실을 앎으로써 얻게 되는 유리한 점은 그들과 관계를 맺음으로 인해 당신을 도울 수 있는 더 나은 전략을 개발하기가 보다 더 쉬워진다는 것이다. 당신은 내면 비판자와 싸울 필요가 없다. 왜냐하면 그들도 궁극적으로는 당신이 잘되기를 원하기 때문이다. 그들은 그것을 건설적인 방식으로 하는 법을 알지 못할 따름이다.

우리는 내면 비판자 부분과 작업하는 데 IFS 원리를 적용하는 법을 연구하였다. 이러한 작업은 부록에 기술되어 있다. IFS를 사용하면 당신의 내면 비판자를 알아 가며 그 부분과 신뢰 관계를 발전시킬 수 있다. 이것은 내면 비판자가 보호하려고 애쓰는 어린 아이 부분을 심층 치유하기 위한 무대를 마련해 주는 것이 되어 결국 내면 비판자로 하여금 공격을 늦추게 만든다. 그런 다음 당신은 내면 비판자가 당신을 도울 다른 방도를 찾을 수 있도록 내면 비판자와 협상할 수 있게 된다.

내면 비판자는 종종 당신 가계에서 물려받는다. 내면 비판자는 당신을 비판하였던 부모를 닮아 간다. IFS는 당신의 내면 비판자가 과거에 물려받은 짐을 내려놓고 현재로 돌아올 수 있도록 도와준다.

# 결 론

당신의 삶 가운데 받는 메시지에서 당신의 내면 승리자가 점차 당신의 내면 비판자를 대신하게 되도록, 이 책이 당신의 내면 승리자(바라건대 당신의 내면 멘토도 함께)를 활성화하여 줄 수 있기를 바란다. 그렇다면 당신은 자신에게 하는 지지적이며 힘을 북돋우는 이야기의 바다에서 살게 될 것이다. 당신은 과거의 옥죄는 메시지를 따르지 않고 실제 모습을 따라 살아갈 권리가 있다. 당신은 자신을 뿌듯해 하며 자신의 선한 품성과 손재주, 재능을 인정해야 한다. 당신은 당신이 중요하게 여기는 것을 따라 발걸음을 내딛고 당신의 삶에서 성공을 누려야 한다. 당신은 마땅히 행복과 만족을 누려야 하며 이것은 올바른 내면 지지를 통해 이룰 수 있다.

조견표[1]

## 조견표 1: 당신의 내면 비판자를 알아 가기

### P1: 내면 비판자에게 접근하기

만약 내면 비판자가 활성화되어 있지 않다면 내면 비판자가 당신을 판단하고 있는 상황을 머릿속에 그리라. 내면 비판자의 이미지를 떠올려 그 비판자가 당신에게 어떤 이야기를 하는지 들으라.

### P2: 비판받은 아이/내면 비판자를 분리시키기

당신이 자신에 대해 언짢은 기분이 드는지 혹은 당신이 부족하

---

1 http://personal-growth-programs.com/books/support-for-freedom-from-your-inner-critic/, Download the Free Help Sheets의 내용을 번역한 것이다.

다고 믿고 있는지 체크하라. 분리시키기는 다음과 같이 진행하라.


- 이것은 내면 비판자의 메시지로 말미암은 것이지 진실이 아님을 기억하라.
- 참자아 상태에서 긍휼한 마음을 가지고 비판받은 아이의 고통에 귀를 기울이라.
- 당신이 비판받은 아이와 내면 비판자 둘 다를 도울 수 있도록 그 아이에게 안전한 곳으로 가자고 요청하라.
- 당신은 내면 비판자가 비판받은 아이를 공격하지 못하도록 하겠다고 하라.
- 추방자를 위로하기 위해 참자아의 양육 측면을 공급하라.
- 비판받은 아이에게 안전한 공간을 제공하기 위해 내면 비판자가 방 안에 있는 모습을 머릿속에 그리라.


## P3: 내면 방어자를 분리시키기

지금 내면 비판자를 향하여 어떤 느낌이 드는지 체크하라. 긍휼함과 호기심을 느낀다면 당신은 참자아 리더십 상태에 있는 것이다. P4로 진행하라. 그렇지 않다면 다음과 같이 내면 방어자를 분리시키라.

당신이 열린 마음으로 내면 비판자를 알아 갈 수 있도록 내면 방어자에게 지금 잠깐만 비켜서서 긴장을 풀 용의가 있는지 물어보라. 이렇게 하는 것이 내면 방어자가 당신으로 하여금 내면 비판자와 관계를 맺고, 내면 비판자가 바뀔 수 있도록 돕는 것이다. 당신은 내면 비판자가 장악하고 공격하지 못하도록 하겠다고 내면 방어자에게 약속하라.

만약 내면 방어자가 비켜설 용의가 있다면 내면 비판자를 향하여 어떤 느낌이 드는지 다시 체크하라. 그리고 반복하라.

만약 여전히 비켜서지 않으려 한다면 비켜설 경우에 어떤 일이 일어날까 봐 두려워하는지 물어보라. 그리고 그 두려움에 대해 안심시키라.


### P4: 내면 비판자에 대해 알아보기

• 내면 비판자가 당신을 판단함으로써 이루려고 애쓰는 것이 무엇인지 물어보라.
• 판단하지 않을 경우 어떤 일이 일어날까 봐 두려워하는지 물어보라.
• 내면 비판자가 어떤 추방자를 보호하려 애쓰고 있는지 감지하라.

P5: 내면 비판자와 신뢰 관계를 발전시키기

당신은 내면 비판자에게 다음과 같은 이야기(진실인 경우)를 해 줌으로써 신뢰를 쌓을 수 있다.

- "당신이 어떤 일을 하려고 애쓰는지 이해합니다."
- "나를 위한 당신의 노력에 감사합니다."

## 조견표 2: 비판받은 아이를 치유하기

### 1. 비판받은 아이와의 작업을 허락받기

필요하면 내면 비판자에게 비판받은 아이를 보여 달라고 요청 하라. 그 아이를 알아 갈 수 있도록 내면 비판자의 허락을 얻으라. 허락하지 않는다면 당신이 그 아이에게 접근할 경우에 어떤 일이 일어날까 봐 두려워하는지 물어보라.

두려움에 대해서는 다음과 같은 가능성이 있다.

- 아이가 너무 많은 고통을 짊어지고 있다—그 고통으로 바로 뛰어들지 않고 당신이 참자아 상태를 유지하며 그 아이를 알 아 가겠다고 설명하라.

- 고통으로 들어가는 것이 핵심이 아니다—핵심은 당신이 아이를 치유할 수 있다는 것임을 설명하라.
- 내면 비판자는 아무 역할이 없게 되므로 제거될 것이다—내면 비판자는 당신의 정신세계에서 새로운 역할을 택할 수 있음을 설명하라.

## 2. 비판받은 아이를 알아 가기

### E1: 비판받은 아이에게 접근하기

아이의 감정을 감지하거나 당신 몸 안에서 아이를 느끼며 아이의 이미지를 떠올리라.

### E2: 비판받은 아이를 분리시키기

만약 당신이 아이와 섞여 있다면 다음과 같이 하라.

- 당신이 곁에서 도울 수 있도록 아이에게 자신의 감정을 품고 있으라고 요청하라.
- 의식적으로 아이에게서 떨어져 참자아로 돌아가라.
- 당신과 거리를 두고 있는 아이의 이미지를 떠올리라.
- 중심을 잡는/안정을 찾는 명상을 하라.

만약 아이가 자신의 감정을 품고 있지 않으려 한다면 다음과 같이 하라.

- 품고 있을 경우 어떤 일이 일어날까 봐 두려워하는지 물어보라.
- 당신은 정말로 아이의 감정과 이야기를 목격하고 싶지만 그렇게 하기 위해서는 떨어져 있어야 할 필요가 있음을 설명하라.

만약 당신이 용인할 수 있다면 아이가 가지고 있는 고통을 어느 정도 직접 느껴 보도록 하라. 이것을 의식적인 섞임이라고 한다.

### E3: 염려하는 부분을 분리시키기
당신이 아이를 향하여 어떤 느낌이 드는지 체크하라. 만약 당신이 참자아 상태에 있지 않거나 긍휼한 마음을 느끼지 못한다면 염려하는 부분을 분리시키라.

염려하는 부분은 보통 당신이 아이의 고통에 압도당하거나 아이가 당신을 장악하는 것을 두려워한다. 당신은 참자아 상태를 유지하며 아이가 장악하지 못하도록 하겠다고 설명하라.

### E4: 비판받은 아이에 대해 알아보기
다음과 같이 물어보라.

- "어떤 느낌이 드는가?"

- "어떤 것이 당신 자신에 대해 그토록 언짢은 기분이 들도록 만드는가?"

## E5: 비판받은 아이와 신뢰 관계를 발전시키기

당신이 아이의 이야기를 듣고 싶어 한다는 사실을 아이에게 이야기해 주라. 당신이 아이를 향하여 긍휼한 마음과 돌보고 싶은 느낌이 든다는 사실을 아이에게 전하라.

아이가 당신을 감지할 수 있는지 체크하라. 그리고 아이가 당신의 긍휼히 여기는 마음을 받아들이고 있는지 감지하라.

## 3. 어릴 적 기억에 접근하고 목격하기

아이에게 그가 어릴 적에 이런 느낌이 들었다는 것을 알게 되었을 때의 기억이나 이미지를 보여 달라고 요청하라. 이것이 아이로 하여금 어떤 느낌이 들도록 만들었는지 물어보라.

아이가 당신에게 보여 주고 싶은 것을 모두 보여 주었는지 확인하라. 목격한 후에 아이가 얼마나 언짢은 기분이었는지를 이제는 당신이 이해한다는 것을 아이가 믿고 있는지 체크하라.

## 4. 비판받은 아이를 재양육하기

참자아 상태에서 어릴 적 상황으로 들어가라. 그리고 아이를 치유하거나 사건을 바꾸기 위해 아이가 당신에게서 어떤 것이 필요한지 아이에게 물어보라.

아이가 공격받거나 창피당하지 않도록 보호하라. 아이에게 당신이 사랑하고, 수용하며, 감사하고 있다고 전하라.

아이가 재양육에 어떻게 반응하고 있는지 체크하라. 아이가 당신을 감지하지 못하고 있거나 당신의 돌봄을 받아들이고 있지 않으면 그 이유를 묻고 그것에 대해 작업하라.


## 5. 비판받은 아이를 데리고 나오기

아이에게 필요한 것 중 하나는 어릴 적 상황에서 꺼냄을 받는 것이다. 아이를 현재의 삶, 당신의 몸 가운데 있는 어떤 장소 혹은 상상의 장소로 데리고 간다.


## 6. 비판받은 아이의 짐 내려놓기

아이가 짊어지고 있는 짐(극단적인 감정 혹은 신념)에 이름을 붙여 주라.

아이가 짐을 내려놓고 싶어 하는지 그리고 아이가 그렇게 할 준비가 되어 있는지 물어보라. 만약 아이가 원하지 않는다면 짐을 내려놓을 경우에 어떤 일이 일어날까 봐 두려워하는지 물어보라. 그러고 나서 그 두려움을 다루라.

아이가 자기 몸 안에서 혹은 몸 위에서 어떻게 짐을 짊어지고 있는가?

아이는 짐을 어디에 내려놓고 싶어 하는가(빛, 물, 바람, 흙, 불 혹은 그 밖의 것)?

일단 짐이 사라지면 아이 안에서 어떤 긍정적인 품성이나 감정이 솟아오르는지 감지하라.


## 7. 내면 비판자의 짐 내려놓기

내면 비판자가 아이의 변화를 자각하고 있는지 보라. 만약 자각하고 있지 못하다면 변화된 아이를 내면 비판자에게 소개하라.

내면 비판자가 이제 자신의 판단적인 역할이 더 이상 필요하지 않다는 것을 깨달았는지 보라. 내면 비판자는 당신의 정신세계에서 새로운 역할을 선택할 수 있다.


# 조견표 3: 내면 비판자를 변화시키기

### 비판받은 아이를 내면 비판자에게 소개하기

비판받은 아이에게 접근하라.

아이의 고통, 특히 아이가 내면 비판자에게 어떻게 상처를 받게 되었는지를 이해하라.

아이를 내면 비판자에게 소개하라.

내면 비판자에게 자신이 아이에게 상처를 주고 있었다는 사실을 깨달았는지 물어보라.

내면 비판자에게 자신의 판단적인 역할을 내려놓을 준비가 되었는지 물어보라.

내면 비판자가 자신의 역할 내려놓기에 대해 조금이라도 염려가 있다면 그를 안심시키라.

내면 비판자는 새로운 역할을 택한다.


## 참자아 리더십 복원시키기

참자아 상태에 있는 성인으로서 당신의 역량이 어떤지를 내면 비판자에게 설명하라.

내면 비판자에게 그가 염려하고 있는 현재 삶의 상황이 당신이 어렸을 때만큼 위험하지 않은 이유를 설명하라.

내면 비판자에게 삶의 상황을 안전하게 다루기 위해 당신이 이 상황에서 어떻게 하려고 하는지 이야기하라.

내면 비판자에게 긴장을 풀고 이 상황을 참자아 상태인 당신이 이끌게 해 달라고 요청하라.

기회가 닿으면 내면 비판자에게 그가 어떻게 건강한 방식으로 당신을 도울 수 있는지 설명하라.

# 내면 비판자의
# 소인격체 클리닉
# 14단계 따라 하기[1]

## 연습 문제 1: 당신은 어떤 내면 비판자를 가지고 있는가

당신의 내면 비판자와 접촉할 수 있도록 다음의 간단한 연습을 해 보라. 스스로에 대해 언짢은 기분(우울감, 무망감 혹은 낙담)이 들었던 최근의 상황을 기억하라.

그 당시 당신은 어떤 상황에 있었는가?

_____

_____

---

1 http://personal-growth-programs.com/books/support-for-freedom-from-your-inner-critic/, Download the Free Workbook for doing the exercises의 내용을 번역한 것이다.

181

당신은 어떤 정서적인 느낌을 가졌는가?

_____

_____

잠깐 시간을 내어 그것이 몸에서 어떻게 느껴졌는지 감지해 보라. 가슴이 답답했는가? 무너지는 느낌이었는가? 짓눌리는 느낌이었는가? 부서져 내리거나 오그라들었는가? 눈물이 맺혔는가?

_____

_____

이것은 당신이 내면 비판자의 공격을 받았을 때 공격받는 부분, 즉 비판받은 아이의 감정이다.

이 같은 감정이 올라오기 직전에 혹은 당신이 그것을 느끼고 있는 동안에 들었던 생각이나 내면 메시지로 되돌아가 생각해 보라. 그중의 어떤 것이 이러한 고통스러운 감정을 야기했을 법한 메시지인가? 이것이 당신의 내면 비판자가 보내는 판단적이거나 공격하는 메시지다. 그 메시지를 적으라.

_____

_____

당신의 내면 비판자 부분이 당신을 공격하는 방식을 생각해 보라. 내면 비판자는 어떤 상황에서 이렇게 하는가?

_____

_____

내면 비판자는 당신에게 뭐라고 이야기하는가?

_____

_____

이 비판자는 일곱 가지 유형의 내면 비판자 중 어떤 것이라고 생각하는가?

_____

_____

## 연습 문제 2: 내면 비판자 프로파일 설문지

다음은 일곱 가지 유형의 내면 비판자 중 어떤 것이 당신에게 문제를 일으키는지 판단하는 데 도움을 줄 수 있는 설문지다. 짧고 쉬워 보통 5~6분 이상 걸리지 않는다. 각 진술문 앞에 빈도에 해당하는 숫자를 적으라.

0=전혀 그렇지 않다  1=매우 드물다  2=가끔 그렇다  3=자주 그렇다  4=항상 그렇다

| 1 | | 나는 태어날 때부터 결함이 있는 것 같다. |
|---|---|---|
| 2 | | 나는 내 자신에게 높은 기준을 적용한다. |
| 3 | | 나는 나를 통제할 수 없게 될 때 내 자신에 대해 대단히 불쾌한 느낌이 든다. |
| 4 | | 나는 내가 목표를 달성할 수 있도록 내 자신을 채찍질하여 매우 열심히 일하게 만든다. |
| 5 | | 나는 새롭고 도전적인 시도를 고려하는 경우, 시작하기도 전에 포기한다. |
| 6 | | 나는 내 자신에 대한 모든 것이 수치스럽다. |
| 7 | | 나는 내가 행한 일을 내 자신이 용서할 수 없어 괴롭다. |
| 8 | | 나는 내가 어떤 모습이어야 하는지 알고 있어서 내가 달리 행동할 때는 내 자신에게 엄격하게 대한다. |
| 9 | | 나는 나의 충동적인 행동을 통제하기 위해 엄청난 노력을 쏟는다. |
| 10 | | 나의 자신감은 너무 낮아 나는 내가 어떤 것에든 성공할 수 있으리라고 믿지 않는다. |
| 11 | | 나는 내가 실수를 할 때 내 자신을 비난한다. |
| 12 | | 나는 내 자신에 대한 긍정적인 생각을 고수하는 데 어려움이 있다. |
| 13 | | 내가 어릴 적에 학습했던 대로 행동하지 않을 때는 내 자신에 대해 언짢은 기분이 든다. |
| 14 | | 내가 해야 할 일에는 끝이 없다. |
| 15 | | 내가 몹시 꺼림칙하게 느끼는 일을 사람들에게 행한다. |
| 16 | | 내게 방종한 부분이 있어 그것이 나를 장악하고 곤경에 빠뜨린다. 그리하여 나는 그 일로 내 자신을 응징한다. |
| 17 | | 나는 실패하는 것보다 시도하지 않는 것이 더 안전하다고 믿는다. |
| 18 | | 나는 결과가 제대로 나오지 않을 때는 걱정되고 자기비판적이 된다. |
| 19 | | 내가 다른 사람의 기대에 미치지 못할 때는 수치심을 느낀다. |
| 20 | | 내가 착한 사람이었다면 내가 배려하는 사람을 더 잘 돌보았을 것이라고 혼잣말을 한다. |
| 21 | | 내 마음 깊은 곳에서 나는 생존권이 없는 것 같은 느낌이 든다. |

| 22 | | 나는 너무 게을러서 세상에서 성공하기는 어려울 것 같은 느낌이 든다. |
| 23 | | 나는 어떤 내 습관에 대해서는 정말로 수치심을 느낀다. |
| 24 | | 나는 결과물을 어떻게든 잘 만들기 위해 과제에 필요 이상으로 시간을 많이 쏟는다. |
| 25 | | 내가 나쁘다는 느낌이 나를 떠나지 않는다. |
| 26 | | 나는 과업 수행을 회피하려는 경향을 극복하기 위해 정말로 열심히 노력한다. |
| 27 | | 나는 내 가족이나 문화가 내게 기대하는 모습대로 되고 싶지 않기 때문에 기분이 언짢다. |
| 28 | | 나는 내가 성공하기 위해 필요한 조건을 가지고 있지 못하다고 생각한다. |

앞에서 답한 숫자를 다음의 빈칸에 옮겨 넣고 각 행을 합산하여 각 그룹에 대한 총점수를 산출한다. 이렇게 하면 일곱 가지 유형의 내면 비판자 각각에 대한 0~16의 수치가 나온다.

| I | 문항 | 2 | 11 | 18 | 24 | 점수 합계 | 완벽주의자 점수 |
|---|---|---|---|---|---|---|---|
| | 점수 | | | | | | |
| II | 문항 | 3 | 9 | 16 | 23 | 점수 합계 | 내면 통제자 점수 |
| | 점수 | | | | | | |
| III | 문항 | 4 | 14 | 22 | 26 | 점수 합계 | 작업 감독자 점수 |
| | 점수 | | | | | | |
| IV | 문항 | 5 | 10 | 17 | 28 | 점수 합계 | 훼손자 점수 |
| | 점수 | | | | | | |
| V | 문항 | 1 | 6 | 12 | 21 | 점수 합계 | 파괴자 점수 |
| | 점수 | | | | | | |
| VI | 문항 | 7 | 15 | 20 | 25 | 점수 합계 | 죄책감 고취자 점수 |
| | 점수 | | | | | | |
| VII | 문항 | 8 | 13 | 19 | 27 | 점수 합계 | 순응 촉구자 점수 |
| | 점수 | | | | | | |

어떤 내면 비판자에 대해 9점 혹은 그보다 높은 점수가 나오면 그것이 당신에게 문제를 일으키고 있을 가능성이 높다. 점수가 7점이나 8점인 것은 문제를 일으킬 가능성이 있다. 점수가 7점 미만인 것은 문제를 일으킬 가능성이 적다.

## 연습 문제 3: 내면 비판자의 긍정적인 의도

초점을 맞출 내면 비판자를 택하라. 그 비판자가 당신에게 어떤 말을 하는지 그리고 어떤 상황이 그 비판자를 활성화하는 경향을 보이는지 되짚어 보라.

_____

_____

그 비판자는 어떤 유형일 것 같은가? 앞에 나온 일곱 가지 유형의 내면 비판자를 복습하고, 어떤 것인지 알아맞히거나 감을 잡아보라.

_____

_____

그 비판자의 긍정적인 동기는 무엇인가? 다양한 동기를 살펴보고, 이 비판자가 당신을 위해 어떤 것을 하려고 하는지에 대해 감을 잡을 수 있는지 보라.

_____

_____


## 연습 문제 4: 내면 비판자와 비판받은 아이를 분리 시키기

당신의 내면 비판자 중 하나가 보통 당신을 공격하는 상황을 한 가지 떠올리라. 이러한 상황이 지금 일어나고 있다고 머릿속에 그리라. 그 비판자는 당신에게 뭐라고 이야기하고 있는가?

_____

_____


눈을 감고 내면 비판자의 이미지가 떠오르도록 하거나 당신의 몸이나 감정을 통해 내면 비판자에게 접근하라. 그 비판자는 어떤 모습이고, 어떤 소리를 내며, 어떤 느낌을 가지고 있는가?

_____

_____


만약 당신이 자신을 향하여 판단하고 있다고 느끼면 당신은 내면 비판자와 섞여 있는 것이다. 어떤 기법을 사용하여 그 부분에

서 분리시킬 수 있는지 보라. 어떻게 분리시켰는지 적으라. 당신
은 어떻게 떨어질 수 있었는가?

_____

_____

당신이 이 비판자를 두려워하거나 그 비판자에 의해 짓밟힌 느
낌이 들면 그러한 감정은 비판받은 아이에게서 오는 것이다. 이것
은 어떤 느낌인가?

_____

_____

당신이 비판받은 아이의 이미지를 가지고 있는지 체크하라. 당
신의 비판받은 아이는 어떤 모습인가 혹은 어떤 느낌을 가지고 있
는가?

_____

_____

비판받은 아이를 분리시키기 위해서는 비판받은 아이에게 (강
한 보호자와 함께) 안전한 곳으로 비켜서 달라고 요청하라. 혹은 내
면 비판자가 다른 방에 있다고 머릿속에 그리라. 아니면 당신 자
신을 안정시키기 위해 참자아 명상(Self meditation)을 하도록 하라.

어떻게 분리시켰는지 적으라.

_____

_____

## 연습 문제 5: 내면 방어자를 분리시키기

당신이 작업하고 싶은 내면 비판자를 택하라. 그러고 나서 앞에서 설명한 대로 내면 비판자와 비판받은 아이를 분리시키라. 이 비판자가 당신을 돕고 보호하려 애쓰고 있음을 기억하라. 당신이 마음의 문을 열고 내면 비판자의 관점에서 내면 비판자에 대해 알아 갈 수 있는지 보라. 이제 당신의 내면 비판자에 대해 어떤 느낌이 드는지 감지하라. 그 부분이 좋은가, 싫은가? 감사하는가? 판단하는가? 그 부분을 추방하고 싶은가? 그 부분이 두려운가? 그 부분에 대해 호기심이 있는가?

_____

_____

만약 당신이 내면 비판자에게 화가 나 있거나 그 부분과 논쟁을 하거나 혹은 제거하고 싶다면 당신은 내면 방어자와 섞여 있는 것이다.

내면 방어자의 이름 _____

내면 방어자에게 어떤 염려 사항이 있는지 물어보라.

_____

_____

　내면 방어자의 염려 사항을 인정하라. 그러고 나서 당신이 내면 비판자와 작업할 수 있도록 내면 방어자에게 비켜서 달라고 요청하라. 만약 내면 방어자가 비켜서면 당신이 내면 비판자를 향하여 어떤 느낌이 드는지 다시 체크하라.

_____

_____

　이제 당신은 드디어 참자아 상태에 이르렀다―내면 비판자에 대해 열린 마음으로 호기심을 가지며, 내면 비판자의 관점에서 내면 비판자에 대해 알아 가는 것에 관심을 가지게 되었다. 당신이 참자아 상태에 있을 때 내면 비판자를 향하여 어떤 느낌을 가지는가?

_____

_____

내면 비판자가 당신을 판단함으로써 어떤 것을 성취하려고 애쓰는지를 내면 비판자에게 이야기해 달라고 하거나 보여 달라고 요청하라.

_____

_____


## 연습 문제 6: 내면 비판자를 알아 가기

작업할 내면 비판자 부분을 택하라. '조견표 1: 당신의 내면 비판자를 알아 가기'를 사용하여 P1 단계부터 P5 단계까지 따라가는 IFS 회기를 가지라. 그 다음에 그 비판자에 대해 알게 된 바를 적으라.

내면 비판자는 당신을 판단하고 몰아붙임으로써 어떤 것을 성취하려고 애쓰는가?

_____

_____


내면 비판자는 이렇게 하지 않으면 어떤 일이 일어날까 봐 두려워하는가?

_____

_____

내면 비판자는 당신을 어떤 것에서 보호하려 애쓰는가?

_____

_____

내면 비판자가 당신을 위해 쏟은 노력을 당신이 이해하고 감사
해 할 때 그 비판자는 어떻게 반응하는가?

_____

_____


## 연습 문제 7: 비판받은 아이를 치유하기

당신이 비판받은 아이 혹은 보호받은 아이를 치유하는 회기를
가지라. '조견표 2: 비판받은 아이를 치유하기'의 안내를 따라가
며 모든 단계를 진행하라. 그러고 나서 당신의 작업과 관련된 정
보와 답을 아래에 적으라.

비판받은 아이 _____

그 아이가 당신과 섞여 있었다면 당신은 그 아이를 어떻게 분리

시켰는가?

_____

_____

염려하는 부분이 있었다면 그들의 두려움은 무엇이었으며 당신
은 그들을 어떻게 안심시켰는가?

_____

_____

아이의 감정과 신념은 무엇인가?

_____

_____

어떤 상황이 아이가 그런 식으로 느끼도록 만들었는가?

_____

_____

어릴 적에 어떤 사건이 있었는가?

_____

_____

그 사건이 아이가 어떻게 느끼도록 만들었는가?

_____

_____


당신은 아이에게 어떤 형태의 재양육을 베풀었는가?

_____

_____


아이는 어떤 짐을 짊어지고 있었는가?

_____

_____


아이는 몸 어느 부위에 그 짐을 짊어지고 있었는가?

_____

_____


짐을 어떤 자연요소에 내려놓았는가?

_____

_____

새롭게 나타난 긍정적인 품성은 어떤 것인가?

_____

_____

## 연습 문제 8: 아이를 치유한 후 내면 비판자의 짐 내려놓기

조견표 단계를 사용하여 치유된 아이를 택하라. 그 아이에게 다시 접근하여 아이가 아직 치유된 상태에 있는지 확인하라. 치유된 상태에 있다면 그리고 준비가 되어 있다면 조견표 단계를 따라 내면 비판자가 자신의 판단적인 역할을 내려놓도록 도우라. 그러고 나서 다음의 질문에 답하라.

치유된 아이는 어떤 느낌을 가지고 있는가?

_____

_____

짐을 내려놓는 것에 대해 내면 비판자는 어떤 염려를 가지고 있는가?

_____

_____

당신은 내면 비판자를 어떻게 안심시켰는가?

_____

_____

당신의 정신세계에서 내면 비판자가 가지고 싶어 하는 새로운 역할은 어떤 것인가?

_____

_____


## 연습 문제 9: 아이를 내면 비판자에게 소개하기

당신이 이미 신뢰 관계를 가지고 있는 내면 비판자를 택하라. 앞서 설명한 대로 내면 비판자에게 해를 받고 있는 비판받은 아이에게 접근하라. 그러고 나서 다음의 질문에 답하라.

아이는 어떤 이미지를 가지고 있는가?

_____

_____

아이는 어떤 감정과 신념을 가지고 있는가?

_____

_____


아이는 내면 비판자에게 어떤 해를 받고 있는가?

_____

_____


그 아이를 내면 비판자에게 소개하라. 내면 비판자는 자신이 아이에게 해를 주고 있었다는 사실을 알고 있는가?

_____

_____


내면 비판자가 자신이 아이에게 고통을 안겨 주고 있었다는 사실을 알고는 어떻게 반응하였는가?

_____

_____


내면 비판자가 이제 비판을 내려놓을 준비가 되었는가?

_____

_____

만약 준비가 되어 있지 않다면 내면 비판자는 어떤 것을 염려하고 있는가?

_____

_____

만약 준비가 되어 있다면 내면 비판자가 떠맡을 용의가 있는 새로운 역할은 어떤 것인가? 혹은 내면 비판자가 자신의 표현을 해를 끼치는 것에서 도움을 주는 것으로 어떻게 바꿀 수 있는가?

_____

_____

## 연습 문제 10: 참자아 리더십 복원시키기

당신이 이미 이해하고 있으며 좋은 관계를 맺고 있는 내면 비판자를 택하라. 각 단계를 마치거나 모두 끝내면 다음의 정보를 적으라.

내면 비판자는 어떤 이미지를 가지고 있는가?

_____

_____

내면 비판자는 당신에게 어떤 말을 하는가?

_____

_____


어떤 상황이 내면 비판자를 활성화하는가?

_____

_____


내면 비판자는 어떤 것에서 당신을 보호하려고 애쓰는가?

_____

_____


내면 비판자가 가졌던 어릴 적 두려움은 어떤 것인가?

_____

_____


그 두려움이 지금은 더 이상 사실이 아닌 이유는 무엇인가?

_____

_____

지금은 그 상황으로 어떤 자원을 가져올 수 있는가?

_____

_____

당신은 어떻게 이 상황을 효과적으로 다루겠는가?

_____

_____

내면 비판자가 그 상황에 건강한 방식으로 제공해 줄 수 있는 것은 어떤 것인가?

_____

_____

## 연습 문제 11: 내면 비판자의 물려받은 짐 내려놓기

내면 비판자 부분에 접근하여 그 부분을 알아 가면서 그 부분과 신뢰 관계를 발전시키라. 만약 내면 비판자의 이미지가 부모의 것이 아니라면 당신을 판단하는 그의 전략을 어디서 알게 되었는지 그에게 물어보라. 만약 내면 비판자가 부모에게서라고 하면 또 다른 짐 내려놓기의 단계를 거치라. 사건에 대한 정보를 다음에 적으라.

부모의 짐은 어떤 것이었는가?

_____

_____


그 짐은 모든 조상을 거슬러 올라갔는가?

_____

_____


내면 비판자가 자신의 짐을 부모(혹은 조상)에게 전해 주었을 때 어떤 일이 일어났는가?

_____

_____


그 짐은 어디에 내려놓았는가?

_____

_____


내면 비판자의 짐이 사라지면서 내면 비판자 안에 어떤 긍정적인 품성이 솟아났는가?

_____

_____

만약 내면 비판자가 부모의 모습을 닮았다면 보니(Bonnie)의 방법(당신의 비판받은 아이가 부모의 어릴 적 모습을 닮았다고 머릿속에 그려 보는 방법)을 사용하여 내면 비판자의 짐을 내려놓으라. 어떤 일이 일어났는지 그 내용을 적으라.

_____

_____


부모의 이름은 무엇인가? _____

당신이 능력 있는 성인이라는 사실을 부모에게 어떻게 보여 주었는가?

_____

_____


부모는 현실로 나오는 것에 관심이 있었는가?

_____

_____


내면 비판과 관련하여 부모는 어떤 과거사를 가지고 있었는가?

_____

_____

만약 조부모가 부모를 재양육하였다면 어떻게 했겠는가?

_____

_____

만약 부모가 짐 내려놓기 의식을 하였다면 어떻게 했겠는가?

_____

_____

부모 안에 어떤 긍정적인 품성이 솟아났는가?

_____

_____

## 연습 문제 12: 내면 승리자의 표현

이 연습 문제에서 당신은 특정 내면 비판자의 공격에 직면하여 당신을 지지해 주는 내면 승리자를 불러내게 된다. 당신은 당신의 내면 승리자에게서 듣고 싶은 말을 만들게 된다. 이것은 당신이 이미 내면에서 듣고 있는 표현일 수도 있고, 자주 듣기 시작하는 표현일 수도 있다. 혹은 지금까지는 없었을지라도 당신이 내면 승리자에게서 듣고 싶어 하는 표현일 수도 있다.

당신의 내면 승리자는 항상 당신을 지지한다는 사실을 기억하

라. 내면 승리자는 당신에게 어떤 것을 해라, 하지 마라라고 하지 않는다. 내면 승리자는 당신에게 당신은 어떤 것을 할 수 있다 혹은 당신은 어떤 것을 할 권리가 있다라고 이야기해 준다. "포기하지 마라."라고 이야기하지 않는다. "계속 그렇게 하면 성공할 수 있다."라고 이야기한다. "여유 있게 하라."라고 이야기하지 않는다. "여유 있게 할 수 있는 권리가 있다."라고 이야기한다. 내면 승리자는 당신에게 개인적인 표현을 직접적으로 한다. "당신은 사랑스러워."라고 하기보다는 "나는 너를 사랑해."라고 이야기한다.

당신의 내면 비판자가 활성화되어 당신을 공격하는 상황을 적으라.

_____

_____

이 상황에서 당신이 당신의 내면 승리자에게 어떤 말을 듣고 싶어 하는지 생각해 보라. 내면 승리자가 당신에게 어떤 말을 해 주기를 원하는가?

_____

_____

다음 두 주 동안에 언제 이 같은 상황이 일어날 가능성이 있는가?

_____

_____


만약 당신의 내면 비판자가 활성화되면 앞의 연습을 바탕으로 당신의 내면 승리자의 이미지를 불러내라. 그리고 이 이미지가 당신에게 앞에서와 같은 내면 승리자의 표현을 나타내 주는 모습을 머릿속에 그리라. 이것이 당신에게 어떤 느낌을 가져다주는가?

_____

_____


## 연습 문제 13: 내면 멘토를 불러내기

당신에 대한 판단 가운데 일리가 있는 비난을 하는 내면 비판자를 활성화할 수 있는 상황을 생각해 보라.

상황

_____

_____

내면 비판자가 당신에게 어떤 이야기를 하는가?

_____

_____

앞에서 설명한 대로 당신 자신에 대해 뿌듯한 기분이 들고, 당신이 가혹한 대접을 받을 이유가 없음을 알도록 도와주는 당신의 내면 승리자를 불러내라. 내면 승리자가 당신에게 어떤 말을 하는가?

_____

_____

이제 당신의 내면 멘토가 이 상황을 어떻게 도와주기를 원하는지에 대해 생각해 보라. 내면 멘토가 해 주는 말은 단순히 일련의 표현이 아니라 보통 한 문단의 조언이나 아이디어가 된다. 내면 멘토가 당신에게 어떤 말을 하는가?

_____

_____

## 연습 문제 14: 외부 비판자에 의해 활성화되는 부분

당신을 판단하고 당신의 부분을 화나게 만드는 사람을 머릿속에 떠올리라.

_____

_____


그 사람이 당신을 비판하고 있는 상황을 머릿속에 그리라.

_____

_____


그 사람이 어떤 말을 하고 있는가?

_____

_____


그 사람의 말이 당신에게 어떤 느낌을 가져다주는지 감지하라. 당신은 아마 한 가지 이상의 반응을 보이게 될 것이다. 당신의 반응 중 하나에 초점을 맞추고, 그 반응을 보이는 부분에 접근하여 잠깐 동안 그 부분을 알아 가라. 그리고 나서 다음의 질문 중 어느 것이 적절한지 답하라. 모든 질문이 각 부분과 관련되어 있지는 않을 것이다. 그리고 모든 질문에 답할 수 있을 만큼 그 부분을 알아 갈 시간이 충분하지 않을 수도 있다. 당신이 할 수 있는 만큼만 하라.

부분

_____

_____

그 부분은 어떤 유형인가(예를 들어, 판사, 방어자, 보호자, 비판받은 아이)?

_____

_____

그 부분은 어떤 느낌을 가지는가?

_____

_____

그 부분은 내면적으로 어떤 것을 성취하고자 애쓰는가?

_____

_____

그 부분은 외부적으로 어떤 것을 성취하고자 애쓰는가?

_____

_____

자기비판을 자신감으로 변화시키기

그 부분은 다른 어떤 부분과 싸우고 있는가?

_____

_____


그 부분은 다른 어떤 부분을 보호하고 있는가?

_____

_____


그러고 나서 또 다른 느낌의 반응을 찾아 그 부분에 접근하고 앞에서와 같이 그 부분을 알아 가라. 당신이 활성화된 각 부분을 모두 알아 갈 때까지 계속하라.

# 참고 도서

*Self-Therapy: A Step-by-Step Guide to Creating Wholeness and Healing Your Inner Child Using IFS*(『참자아가 이끄는 소인격체 클리닉』). 제이 얼리(Jay Earley) 지음. 혼자서 혹은 파트너와 함께 IFS 회기를 진행하는 방법이 기술되어 있으며, 치료사가 사용할 수 있는 IFS 방법의 매뉴얼이다.

*Self-Therapy for Your Inner Critic.* 제이 얼리, 보니 와이스(Bonnie Weiss) 공저. IFS를 사용하여 내면 비판자 부분과 작업하는 방법을 보여 준다.

*Resolving Inner Conflict.* 제이 얼리 지음. IFS를 사용하여 양극화 현상을 해소하는 방법을 보여 준다.

*Working with Anger in IFS*(『IFS를 통한 분노 치유하기』). 제이 얼리 지음. 격분이나 의절당한 분노와의 작업에 IFS를 적용한다.

## 저자 소개

### Jay Earley, Ph.D.

미국 샌프란시스코 베이 지역에서 40여 년간 심리치료를 해 오고 있는 심리학자이자 심리치료사, 그룹 인도자, 교사, 슈퍼바이저, 훈련자, 이론가다. 또한 일반 대중용 IFS 교육을 하고 있다. 저서로는 『참자아가 이끄는 소인격체 클리닉(*Self-Therapy*)』(이진선 외 공역, 시그마프레스, 2014), 『IFS를 통한 분노 치유하기(*Working with Anger in Internal Family Systems Therapy*)』(이진선 외 공역, 학지사, 2014), *Resolving Inner Conflict, Embracing Intimacy* 그리고 *Interactive Group Therapy*가 있고, 공저서로는 *Self-Therapy for Your Inner Critic*이 있다.

### Bonnie Weiss

미국 샌프란시스코 베이 지역에서 1974년부터 심리치료를 해 오고 있는 심리치료사이자 교사, 슈퍼바이저, 훈련자, 코치다. 공저서로는 *Freedom from Your Inner Critic: A Self-Therapy Approach*가 있고, 녹음 자료로는 〈IFS 기초반〉과 〈IFS 실습 회기〉가 있다.

## 역자 소개

### 이진선(Lee Jinseon)

미국 러트거스 대학교와 예일 대학교 의과대학에서 유전학 및 분자의학을 전공한 후 귀국하여 백석대학교 기독신학대학원에서 목회학을 전공하였다. 생업으로는 피부과학을 거쳐 삼성서울병원 암센터에서 암전이 차단을 연구하고 있으며, 심리상담 영역에서는 소인격체와 시스템 치유에 열정을 가지고 번역 및 교육에 힘쓰고 있다. 최종 관심은 영성과 심리를 아우르는 전인 치유다. 현재 한국가정회복연구소 IFS 센터의 공동대표이며, MBTI 강사, STRONG 상담사, 경찰 및 군상담 교육, TA 전문상담사로 일하고 있다. 공역서로는 『TA 상담과 심리치료(*Skills in Transactional Analysis Counselling & Psychotherapy*)』(시그마프레스, 2008), 『소인격체 클리닉(*Parts Work*)』(시그마프레스, 2013), 『참자아가 이끄는 소인격체 클리닉(*Self-Therapy*)』(시그마프레스, 2014), 『IFS를 통한 분노 치유하기(*Working with Anger in Internal Family Systems Therapy*)』(학지사, 2014)가 있다.

### 이혜옥(Lee Hyeok)

상명대학교 복지상담대학원에서 가족치료를 전공한 후 교육, 상담, 심리치료에 전념하고 있다. 특히 ADHD, 중독, PTSD의 치료 및 미술치료, 가족치료를 주 영역으로 하고 있으며, 무너져 가는 가정의 회복을 위해 가사조정 및 자살방지에도 열정을 가지고 있다. 최종 관심은 시스템 치유를 통해 영성과 심리를 아우르는 전인 치유다. 현재 한국가정회복연구소 IFS 센터의 공동대표이며, TA 상담사, EAP 상담사로 일하고 있다. 공역서로는 『소인격체 클리닉(*Parts Work*)』(시그마프레스, 2013), 『참자아가 이끄는 소인격체 클리닉(*Self-Therapy*)』(시그마프레스, 2014), 『IFS를 통한 분노 치유하기(*Working with Anger in Internal Family Systems Therapy*)』(학지사, 2014)가 있다.

# 자기비판을 자신감으로 변화시키기
## −내면 비판자의 소인격체 클리닉−

Activating Your Inner Champion Instead of Your Inner Critic
Transforming Self-Criticism into Self-Esteem

2014년 10월 20일 1판 1쇄 발행
2022년 8월 10일 1판 2쇄 발행

지은이 • Jay Earley · Bonnie Weiss
옮긴이 • 이진선 · 이혜옥
펴낸이 • 김진환
펴낸곳 • (주) 학지사

04031 서울특별시 마포구 양화로 15길 20 마인드월드빌딩
대표전화 • 02-330-5114    팩스 • 02-324-2345
등록번호 • 제313-2006-000265호

홈페이지 • http://www.hakjisa.co.kr
페이스북 • https://www.facebook.com/hakjisabook

ISBN 978-89-997-0495-6  93180

출판미디어기업 **학지사**

간호보건의학출판 **학지사메디컬** www.hakjisamd.co.kr
심리검사연구소 **인싸이트** www.inpsyt.co.kr
학술논문서비스 **뉴논문** www.newnonmun.com
교육연수원 **카운피아** www.counpia.com